AF317554

MASSENET

ÉTUDE

CRITIQUE & DOCUMENTAIRE

PAR

E. DE SOLENIÈRE

ILLUSTRATIONS DE COUTURIER

PARIS

BIBLIOTHÈQUE D'ART DE LA CRITIQUE

L 27
5239

BIBLIOTHÈQUE NATIONALE
RF
IMPRIMÉS.

Ln 27
45239

Du même Auteur :

***

La Musique à l'Exposition de 1900. Edm. SAGOT, éditeur.

La Femme-Compositeur (Étude critique et biographique). Bibliothèque de LA CRITIQUE.

Rose Caron (Album critique). Bibliothèque de LA CRITIQUE.

Désenchantement (Lied sur des paroles de Mlle Vacaresco). Edm. SAGOT, éditeur.

Laisse-moi l'aimer (Mélodie). Edm. SAGOT, éditeur.

Recueil piano et violon.

Variations mélodiques.

PARAITRA PROCHAINEMENT :

Études et impressions musicales.

Rêveries du soir (Mélodies).

MASSENET

ÉTUDE

CRITIQUE & DOCUMENTAIRE

PAR

E. DE SOLENIÈRE

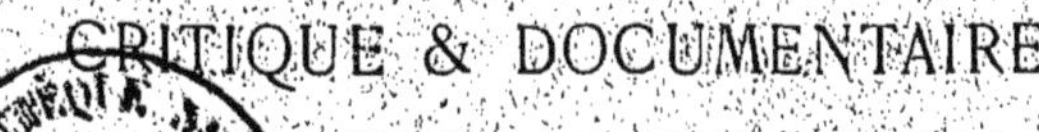

ILLUSTRATIONS DE COUTURIER

PARIS

BIBLIOTHÈQUE D'ART DE « LA CRITIQUE »

1897

Il a été tiré de cet ouvrage 25 exemplaires sur japon impérial, numérotés de 1 à 25, et paraphés par l'auteur.

A MADAME MASSENET

RESPECTUEUSEMENT

E. DE SOLENIÈRE

MASSENET

CHAPITRE I

I

Si les philosophes et les poètes sont, et chacun dans un ordre différent, les commentateurs de leur époque ; s'ils en analysent l'évolution et en précisent la tendance et la caractéristique générale, les musiciens, eux, reflètent de façon certaine (inconsciente souvent même) l'état d'âme de leur génération, l'ensemble amalgamé de ses espoirs et de ses désirs ; en un mot ils résument et synthétisent, du moins pour ce qui en concerne la partie spirituelle, pour ce qui touche le cœur et les sens, le milieu où ils vécurent et les êtres qu'ils approchèrent.

Il y a entre l'histoire d'art d'une nation et son histoire générale une étroite parenté, pas toujours apparente mais pour l'analyste facilement reconnaissable ; et les plus grands musiciens d'une nation ne sont pas exclusivement ceux dont l'œuvre représente un progrès ou une révolution, mais aussi ceux dont on peut dire qu'ils sont comme l'écho de la voix de leur temps, les représentants autorisés de la muse qui inspira leurs contemporains, les révélateurs du secret idéal, de l'état d'âme d'une collectivité spirituelle.

Les musiciens d'aujourd'hui, il faut l'avouer, cherchent plutôt à donner des sensations, à produire une impression immédiate, qu'à émouvoir réellement, et ils sont en cela bien ce que nous méritons. Tel terrain, telle récolte. A l'austère religion, aux silencieuses et réfléchies oraisons ont succédé l'extériorité du culte et les pompes théâtrales, à la passion saine et chaste, toute d'enthousiasme et de foi, ont succédé la frénésie des sens, la recherche des imprévus émotionnels et des mièvres subtilités. Comparée à la musique classique, la musique moderne est à cette dernière ce que sont les vers de Baudelaire et de Verlaine aux alexandrins de Racine et de Corneille.

Par-dessus tout plane, il est vrai, l'art de Richard Wagner, mais dans cette succession d'idées philosophiques qui en est la caractéristique principale, dans ce fatalisme auquel fait place, finalement, la sérénité chrétienne, ne faut-il pas voir en plus grand, amplifié par le souffle du génie, la même recherche d'un idéal toujours entrevu, jamais atteint ; la lutte pour le bonheur spirituel, lutte somme toute parallèle à celle des humains vulgaires, pour l'atténuation des misères et la satisfaction des appétits.

Les hommes de jadis croyaient ; ceux d'aujourd'hui désirent. Ils regardent bien encore l'azur du firmament, mais leur œil terni n'y devine plus rien et le chromatisme des accords enchevêtrés pleure en des énervements factices et l'illusion perdue et la croyance morte.

Or ce ne sont pas les époques qui dépendent des musiciens, mais les musiciens qui dépendent des époques et le peintre n'est pas coupable de l'aridité d'un paysage. L'inspiration et le talent personnel mis à part, l'artiste exécute, on pourrait dire presque inconsciemment, la besogne que lui assigne l'évolution naturelle des choses humaines ; ceux qui en reproduisent le mieux le caractère et l'image, ceux qui en précisent le plus les diverses exceptions, ceux en un mot qui se rapprochent le plus de la nature et de l'humanité, ceux-là sont les plus grands et les seuls vrais...

Étudier l'histoire de l'art d'un peuple, c'est analyser l'évolution de son âme, c'est revivre ses enthousiasmes, relire les pages de son intime existence ; connaître la musique d'une nation c'est avant tout connaître son cœur. Des peuples qui n'ont pas de musique, on peut dire qu'ils n'ont pas aimé et l'Angleterre, par exemple sèche comme les exemplaires féminins qui exhibent sa laideur originelle sur les routes du monde entier, avec Purcell, Balfe et Sullivan pour tous représentants musicaux, est bien ainsi que l'Amérique la digne mère de ce peuple presque exclusivement commercial et intéressé, anti-musical par nature et dilettante par « fashion ».

La musique c'est peut-être du rêve sonore et tous ne savent pas rêver.

S'il est fort agréable de s'encenser soi-même, de porter sur les siens des jugements enthousiastes, il est peut-être plus grand et plus utile surtout de voir les choses avec impartialité et de n'admirer ses résultats personnels qu'après avoir rendu hommage à ceux des autres en constatant de divers points, les irrévocables défauts. Tous les excès sont nuisibles, or le public français a ce déplorable travers de se partager, insensiblement au moins, en deux camps qui se méprisent mutuellement et s'attaquent de toutes façons, la plupart du temps aux dépens de l'œuvre ou de l'artiste prôné qui subit les conséquences de ces ridicules algarades.

Les garçons pâtissiers se mêlent un peu trop à tout en France et trop souvent aussi des éléments étrangers déshonorent par leur contact certaines questions, d'un ressort absolument privé. La question Lohengrin ne s'est-elle pas un peu appelée la question Boulanger et combien de fois n'essaye-t-on pas à Paris de tomber (momentanément au moins) un ouvrage quelle que soit sa valeur, pour ruiner un directeur ou satisfaire des rancunes particulières.

II

Deux nations sont essentiellement, naturellement et avant tout musicales. Ce sont l'Allemagne et l'Italie. Certes si l'on étudie l'évolution musicale depuis saint Grégoire-le-Grand jusqu'à nos jours faut-il constater certaines influences étrangères, notamment celles des contrepointistes flamands qui occupent une place importante dans la transformation de la monodie. Mais à n'envisager la question qu'en bloc et par ses résultats il faut convenir que la mélodie est italienne et que l'harmonie est allemande. L'Italie malheureusement (fille aînée de la musique) ne sut pas garder intact le sceptre d'or qu'elle reçut la première. Avec *Palestrina* monté au faîte suprême, elle dégringola graduellement, puis la musique instrumentale lui porta le coup de grâce, elle qui fut Pergolèse,

Porpora et Bellini ne sait même plus chanter et l'œuvre dernière de Verdi sera peut-être le chant du cygne de l'Italie musicale.

Où les Italiens virent une prière et une caresse, les Allemands une philosophie émotionnelle, un commentaire idéal, les Français ne virent d'abord qu'un divertissement. Jusqu'à ces dernières années d'ailleurs, on peut dire que l'histoire du théâtre et celle de la musique sont en France intimement liées et qu'avant Berlioz il n'existait pour ainsi dire pas chez nous d'œuvre symphonique.

(Je ne crois guère que l'on puisse appeler ainsi les essais de Gossec.)

On peut avoir pour le genre « éminemment national » une affection paternelle, pleurer sur ses cendres et faire des vœux pour qu'il renaisse, on n'en est pas moins obligé de constater que sa déchéance a été en France le signal d'une véritable renaissance musicale, qu'on a cherché autre chose et qu'en cherchant on a travaillé, qu'en voulant faire du vérisme musical on a trouvé de nouvelles formules, essayé d'inédites combinaisons, étendu le domaine des recherches, labouré le terrain en friches et presque vierge, perfectionné l'outillement et les moyens d'expression, ouvert d'infinis horizons… enfin que la nonchalance napolitaine a fait place sinon à la ténacité de l'artiste allemand, du moins à son ardeur infatigable, qui est une des grandes causes de sa supériorité. Et puis rien ne vaut la charrue avant l'ensemencement.

Pour moi la musique française est née d'hier, son précurseur fut *Méhul* qui naquit de Gluck, son initiateur (son créateur même devrais-je dire) Berlioz, à qui il n'a manqué que la science de l'écriture pour réaliser des chefs-d'œuvres complets, ses premiers nourriciers : Bizet, César Franck, Massenet, etc. etc… qui tous, à des degrés divers et par des voies différentes, essaient de l'amener peu à peu au niveau de sa grande sœur d'Allemagne.

Pour cette raison d'ailleurs, on ne peut comparer l'école musicale française à ses rivales étrangères. Elle est trop jeune pour cela et il n'appartient pas au présent de se mettre en parallèle avec le passé. Jusqu'à la seconde moitié de ce siècle nous n'avons à peu près eu que des hommes de théâtre faisant d'intéressante musique mais ne voyant pas en elle le but avant l'effet. C'étaient de simples causeurs, non des philosophes musicaux, or malgré Richard Wagner, par Richard Wagner peut-être même, je crois que l'avenir musical appartient à la symphonie, que loin de marcher à une union absolue de la musique et de la poésie, nous allons à grands pas vers une scission complète de ces deux rivales, qui réunies se gênent mutuellement et dont la première n'est avant tout que l'immatérialisation de la seconde.

On ne pourra d'ailleurs probablement jamais opposer quelle musique que ce soit, à la musique allemande nourricière et éducatrice naturelle, avec *Bach, Beethoven, Mozart, Wagner,* qu'il sera difficile même d'égaler, et qui de toutes façons auront toujours l'antériorité, mais l'école italienne meurt d'anémie, de dégoût d'elle-même, courtisane vieillie répugnant presque aux sourds. Qui sait si cet art fade, factice et vain ne fera pas place à la musique française de demain, anoblie par l'étude et le raisonnement, épurée par l'assimilation graduée des principes fertilisateurs et solides des vieux classiques, unie au goût et à l'élégance qui seront toujours, nos supérieures qualités ; ce résultat est d'ailleurs presque obtenu déjà, si l'on compare le mouvement musical des deux nations durant ces vingt-cinq dernières années. Verdi disparu il ne restera en Italie pas même un mélodiste, car enfin Mascagni, Pucini, Ponchielli Leoncavallo et *tutti quanti* sont des musiciens de troisième ordre tout au plus, qui ne savent même pas pasticher leurs anciens.

L'avenir musical de la France peut réserver donc de grandes surprises et j'en vois la plus grande preuve dans l'individualisme qui s'accentue de plus en plus chez nos compositeurs. Il y a enfin un genre français autre que celui du vaudeville et de l'opérette et la musique n'est plus exclusivement un passé-temps distingué.

Certes du côté du public, il y a presque tout à faire, mais l'élan est donné c'est un enseignement à poursuivre, dont solidairement maîtres et auditeurs sentent la nécessité.

Ce qui est douloureux à constater c'est qu'une partie de ceux qui dirigent la mode et font et défont (momentanément) les succès, ne mettent pas à Paris la conscience, la dignité et l'impartialité indispensables à ce rôle. L'essentiel serait d'encourager le plus possible nos musiciens nationaux, de les pousser dans la voie naturellement désignée par leurs dispositions, de s'occuper surtout d'eux de toutes façons, tandis que nous leur témoignons la plus profonde indifférence, applaudissant les étiquettes plutôt que les produits et laissant à l'étranger le soin de nous désigner nos maîtres.

Je me demande si l'indifférence criminelle du public français envers les compositeurs nationaux, ne tua pas chez bien d'entre eux la verve inspiratrice avec l'espérance. Voyez Bizet, Chabrier, Louis Lacombe pour ne citer que de récents exemples. Qui sait ce que nous avons perdu en refusant de les entendre. Ah ! pourquoi toujours demander à l'oiseau d'où il vient au lieu d'écouter ce qu'il chante !

III

Dans cette lutte pour l'indépendance de la musique française Massenet est peut-être celui qui combat le plus utilement et qui obtient les meilleurs résultats, car si l'effort de nos jeunes est immense, si malgré le « je m'en foutisme » sacrosaint dont croit devoir se doubler toute cervelle fin de siècle, il y a somme toute une franche unanimité d'aspiration, vers un affranchissement absolu, peut-être parmi les enthousiastes, certains oublient-ils la juste mesure, tombant ainsi d'un travers dans l'autre, car s'il faut dans l'art comme dans la vie, s'affranchir des esclavages, s'élever au dessus des routines vieillotes et des préjugés tracassiers, on ne doit pas attaquer les lois initiales, la base même des choses que l'on veut rénover et sous prétexte de création ou de rajeunissement, démolir à tout hasard, sans savoir reconstruire.

C'est ce manque de mesure, ce désordonnement général, qui fait avorter tant de tentatives, sérieuses au fond et qui n'apparaissent que ridicules et stériles par la faute même de leurs auteurs.

Tout essai loyal, toute intention sincère est louable en elle-même et l'on ne devrait en principe qu'encourager toutes les tentatives raisonnées quelque soit leur but ou leur tendance, mais l'art musical repose sur des lois acoustiques mathématiquement modifiables seulement et dont le viol momentané doit avoir une géniale excuse. Un musicien qui néglige sciemment et sans raisons plausibles son écriture, est un artiste incomplet ou un impuissant. Quant à ceux, qui sortant à peine d'user leur fond de culotte sur les bancs du Conservatoire, s'ingénient à « dissonancer » pour paraître les adeptes de telle ou telle gloire aveuglante on ne saurait mieux les comparer qu'aux bambins qui ne sachant pas lire, veulent pour carrière futur, le maréchalat de France.

IV

Quel que soit l'idéal personnel que l'on poursuit, quels que soient les principes d'art que l'on ait ou simplement les préférences que l'on affiche, il faut déjà au point de vue musical pur, profondément s'incliner devant Massenet. Laissant de côté toutes questions d'école ou de petite chappelle ; disséquez ses harmonies, étudiez sa façon d'écrire, l'enseignement sera, pour vous, aussi fécond, que vif le plaisir.

C'est que chez lui les licences sont non le but, mais le moyen, c'est qu'il cherche à réaliser un tout correct autant qu'élegant, c'est qu'il sait qu'avant l'enjolivement et les broderies ultimes, il faut sur le métier dix fois mettre l'ouvrage et donner à l'édifice que l'on erige des fondations solides et résistantes. Sa fécondité prouve d'ailleurs son labeur incessant le désir de mieux faire. auquel il est toujours en proie, la méthode qui préside à l'élaboration de son œuvre, sa conscience dans la lutte, sa fidélité à la muse qui l'inspire et au devoir qu'il s'est tracé.

Massenet est vraiment le musicien par excellence, l'homme qui vit pour et par la musique ; certes il s'intéresse à toutes les manifestations de l'art, à toutes les formes de la beauté, mais il rapporte invariablement tout à la musique, toute beauté, pourrait-on dire, a pour lui une traduction sonore ; vibrant comme une chanterelle, il s'imprègne immédiatement des impressions extérieures, s'émotionne à tout propos, s'enthousiasme et s'extasie d'une fleur qu'il cueille, d'une mélodie que lui chante son âme, puis subitement mélancolique retombe en sa rêverie, il veut des fleurs plus belles et des sonorités plus accomplies. Cette fièvre de production qui le dévore, cette diversité de moyens employés, ce changement de facture, de style, d'idées même, pourrait-on dire, qui lui font donner par exemple le *Mage* après *Esclarmonde*, ne sont pas du tout à mon avis de l'incertitude ou le simple désir de sacrifier à la mode du jour, c'est bien au contraire une volonté opiniâtre, qui sait que la musique est à elle-même son but, qu'il faut varier sa palette et son coloris, s'essayer au succès par de multiples moyens, obtenir de bons résultats par des causes toutes différentes et chercher toujours le mieux « et le plus vrai. »

CHAPITRE II

I

Des musiciens français vivants, deux se partagent avant tous la faveur publique ; deux, autant dans leur propre patrie qu'à l'étranger, représentent officiellement l'art national et quoique fort différents l'un de l'autre, tant par leur tempérament artistique, que par la diversité de leurs efforts et les résultats obtenus, caractérisent réellement les tendances de notre école, étant d'ailleurs, par les droits du talent et du labeur réalisé, les chefs mêmes du mouvement et les maîtres de tous les autres. Ce sont Massenet et Saint-Saëns.

Etablir un parallèle entre les deux, serait trop facile : Ce sont deux natures opposées ; la première toute d'intuition et d'enthousiasme, la seconde toute de raisonnement et d'étude ; mais comme les deux extrêmes se touchent, ils ont les mêmes nerfs qui rattachent leurs dissemblances.

Pour m'exprimer franchement, je crois qu'on ne saurait mieux dire que Saint-Saëns le scholastique, le pince-sans-rire, amer et glacial, représente le désir que nous avons de faire mentir la légende de notre frivolité musicale, le travail auquel nous nous astreignons pour être, musicalement, des « forts en thème », l'érudition enfin à laquelle nous attachons tant de prix après l'avoir ridiculisée et trouvée incompatible avec la verve franche et l'inspiration originale, tandis que Massenet est lui au contraire, ce que nous sommes réellement, plutôt que ce qu'il nous plaît d'apparaître.

Aucun artiste vivant ne représente à tous les points de vue, aussi bien le modernisme français que lui ; il en est la vivante synthèse, l'absolu symbole, l'inimitable grand-prêtre ; il a tous nos défauts et toutes nos qualités ; charmeur comme une parisienne, voluptueux comme les proses de Catulle Mendès ou les nouvelles de Pierre Louÿs, assoiffé d'ambition, de gloire et de richesse, il est à côté de cela le bénédictin laborieux pour qui chaque seconde a du prix, le musicien passionné des vieux classiques autant que des nouvelles innovations,

l'amoureux de la forme et l'intelligent adaptateur des nouvelles formules ; il n'est fermé à aucune tentative, il s'ingénie
au contraire à allier entre elles les apparentes oppositions
d'école et les différents styles ; il voudrait plaire à tous sans
pour cela se déplaire à lui-même, ne faire des concessions
qu'en apparence, ne céder que pour mieux reprendre et se
reprendre, poursuivant ainsi, malgré des zigzags et des
redites, un but invariable, dont nous n'apercevons peut-être
qu'un côté et qu'une partie. Comme tous ceux destinés à faire
époque dans l'histoire de l'art, on le juge avec trop d'enthousiasme ; or, la critique doit être une pondération, le
terrain musical étant cependant celui où se livrent les plus
acerbes luttes et où se décroche le plus difficilement la victoire.
Ce qui est incontestable avant tout, quelle opinion qu'on ait
de lui, c'est l'extraordinaire influence qu'il a sur toute la
génération musicale moderne.

Pas un musicien français n'a eu autant d'imitateurs, et
indépendamment de ses élèves qui porteront jusqu'à leur
heure ultime l'estampille de leur fabricant, il n'y en a pour
ainsi dire pas un seul, qui au moins occasionnellement, n'ait
pas employé ses formules, imité sa manière, quand ils n'ont
pas absolument adopté ses systèmes et sa mélodique, en se
servant des mêmes moules.

Massenet a presque obtenu en France, le résultat obtenu
par Richard Wagner en Allemagne, dans les pays de race
allemande, et superficiellement ailleurs, c'est que tout le
monde a voulu écrire comme lui. Ce qu'il existe de Sous-
Massenets, est extraordinaire ; pernicieuse ou favorable, son
influence se fera sentir plus longtemps qu'on ne le peut
supposer dans la musique française, certainement d'ailleurs
bien plus que celle de Gounod dont il n'a pas, comme on l'a
dit, accepté l'héritage, mais dont il s'est seulement initié
quelques tournures de phrases, quelques extériorités qui,
sous sa plume d'ailleurs, veulent dire tout autre chose. Où
Gounod « contemple », Massenet « saisit » ; et il n'y a pas
que cela qui les diffère.

Fondateur d'école, Massenet l'est donc malgré lui, et l'on
fait du « Massenet » comme on a fait de l'italien et comme
on voudrait faire du Wagner.

Ce qui caractérise un musicien, c'est avant tout la note
personnelle. Il doit, en tant que théorie et que savoir résumer,

condenser plutôt, les maîtres passés, mais à tout cet acquis, ajouter son invention à lui, graver sa marque indélébile; le passé ne lui peut livrer que des matériaux et des modèles, il ne doit pas en simplement copier les ornements, mais dans cet argile pétrir de nouvelles figures et imaginer d'inédits dessins.

L'art est comme la vie un perpétuel recommencement, toutes choses s'engendrent entre elles et pas plus qu'un atôme aucune idée ne se perd, malgré soi, on est toujours le fils de quelqu'un, et le résultat bon ou mauvais, a toujours une cause, qui fut elle-même un résultat, cela indéfiniment jusqu'à la perfection où à l'annihilement, ce qui est peut-être la même chose. Massenet, c'est le total des additions diverses que nous avons faites depuis Méhul, sur le terrain de la musique, c'est le résultat de nos incertitudes d'art, italianeries et germanismes se succédant par caprice ou insouciante légèreté, c'est le produit de la bataille de notre conscience avec la mode et la routine, de cette inconstance d'idéal, de caractère et de goût, qui nous fait en politique, en art, en littérature, changer le fusil d'épaule à propos de bottes, et brûler par parti-pris, ce que nous adorions par insouciance.

On ne saurait trop le répéter, Massenet avec ses merveilleuses qualités et ses grands défauts, est l'âme même du peuple français et dans toute notre histoire d'art, à aucune époque, n'existe peut-être un artiste aussi caractéristique, aussi spécial et autant de son heure.

Berlioz avec sa géniale exubérance, ses envolées shakespeariennes, son intransigeance d'idées étonne en France; né en Allemagne, il eut été presque Wagner, comme Auber y aurait été un petit Haydn, Massenet ailleurs que chez nous, serait une énormité.

Un seul peuple au monde est absolument musicien, c'est le peuple allemand (1).

Il peut naître partout des génies inventifs et de puissantes organisations, (Berlioz, Saint-Saens, Massenet, Bizet etc, en sont pour la France la plus grande preuve) mais il semble que sous un autre ciel, ces natures s'atrophient quelque peu ou plutôt suivent une plus facile voie, qui n'est pas la vraie.

---

(1). Les Allemands traitent la musique comme une affaire d'état disait Spontini, je crois plutôt qu'ils en font leur religion suprême et leur plus noble idéal. (Note de l'auteur).

Que n'eut réalisé Meyerbeer, s'il était resté Allemand, quelle différente tâche n'eussent pas achevés les maîtres plus haut nommés, là-bas, dans le recueillement et la solitude, loin de nos bruits, de notre mode et de nos snobs. Croyez-le bien, Massenet s'est élevé aussi haut qu'il est possible de le faire à un musicien, en conservant son tempérament français et encore laissera-t-il beaucoup plus que nous pouvions lui donner.

Les pierres, matériel de son édifice, il les a prises ailleurs, et c'est seulement pour nous plaire qu'il sacrifie la force à la grâce ; au fond de lui-même il me semble deviner quelque tristesse non seulement cette tristesse des sensuels, cet écœurement de ceux chez qui la vie parle trop fort et qui en sentent toute la misère, car les amours tôt ou tard finissent par le dégoût, mais avant tout le regret caché de ne se pouvoir libérer des entraves de la matière, de ne pouvoir violer le destin et diviniser le rêve en élargissant l'horizon.

Tout pur artiste arrivé à la gloire et au succès, regarde malgré lui, du faîte du piédestal conquis, les sommets lointains frères des nuages, qu'il aurait peut-être escaladé. Le triomphe c'est une désillusion, car le musicien étant à la musique ce que le prêtre est à Dieu, le bruit des applaudissements n'étouffe jamais la voix de la conscience, et les concessions de l'artiste, ce sont les faiblesses de l'apôtre qui renia le seigneur pour plaire aux valets.

CHAPITRE III

I

Adolphe Jullien, notamment dans ses deux volumes :
« Musiciens d'aujourd'hui », reproche à Massenet, surtout
lorsqu'il s'attaque à des épisodes bibliques, de rapetisser les
sujets, de n'en voir que le côté purement humain, de n'en
chanter que la poésie matérielle, en un mot de ne pas faire
de la musique religieuse lorsqu'il est question de personnages
sacrés. Au premier abord Adolphe Jullien paraît avoir raison
mais réfléchissez. L'oratorio classique n'est-il pas aussi impossible de nos jours que l'aurait été une conception romantique au moyen-âge. Il ne faut pas oublier que le propre de la
musique est de caractériser une époque, que ce fut la foi
ardente de nos pères qui fit naître avec les majestueuses ca-
thédrales les grands organistes, les divins musiciens religieux, tels que Palestrina et ses successeurs, que ce fut
la rigidité luthérienne qui enfanta Bach et Haendel, musiciens chastes et sévères, sévères comme les lois et les
mœurs des cours et du milieu où ils vécurent, et que leurs
œuvres ne nous apparaissent si grandes que parce qu'elles
s'adaptent merveilleusement aux décors du temps, qu'elles
en sont comme le commentaire et la quintessence spirituelle. Chaque siècle, prie, pense et aime différemment.
Pour commenter les bouleversements militaires et sociaux, la
bataille des peuples et des castes du commencement de ce
siècle, il fallait Beethoven et la symphonie héroïque devait
garder son nom de Bonaparte. Le fatalisme langoureux et
werthérien, la poésie poitrinaire, chutes de feuilles et automnes
d'amour, 1830 enfin, n'est-ce pas Chopin ? Et Schopenhauer et
la philosophie sociale et la lutte des religions, pessimisme et
espérance, et l'ambition allemande, n'est-ce pas Richard
Wagner.

Ne reprochons donc pas à Massenet d'avoir brûlé aux pieds
de la Vierge un encens trop mondain, de prier avec trop de
grâce et de s'agenouiller trop coquettement, mais faisons notre

mea culpa et pleurons sur nous-mêmes, qui fîmes de la religion une élégance et de l'Eglise un salon. Et à ceux qui sont tentés de reprocher à Massenet son charme, de faire fi de ses séductions, de maudire ses enivrements avec Camille Bellaigue demandons leur « quel Ulysse trop prudent ou trop pédant fermerait aujourd'hui l'oreille à la voix des sirènes. » et s'ils ne trouvent point ces fruits trop verts parce qu'ils n'y sauraient pas mordre.

L'œuvre de Massenet, c'est l'histoire de la femme Eve, Marie-Madeleine, Thaïs, Esclarmonde, Manon, Hérodiade, courtisanes et reines mortes pour ou par l'amour et il n'a vraiment réussi qu'avec elles ; partout où l'emportait le sentiment guerrier ou toute idée générale, il n'a fait qu'effleurer le sujet ne voyant par exemple dans le *Cid* que la passion de Chimène, ne s'attachant dans le *Mage* qu'à dépeindre l'érotisme de Varedha, ne voulant rester au milieu du sang et de la fournaise, au lieu du héros qu'il pouvait devenir, que l'éternel amant ne cherchant qu'à séduire non pas à vaincre.

II

On peut diviser les musiciens compositeurs en quatre grandes classes,

Les religieux, les philosophes, les naturistes et les passionnels.

Massenet appartient à cette dernière catégorie, exclusivement même car s'il ne néglige pas, s'il ne fait pas fi des autres points de vue, sous lesquels un personnage ou une situation doivent être analysés et dépeints, de quels côtés qu'il regarde c'est au fond toujours la même chose qu'il voit. S'agit-il de décrire un paysage, il vous en dira l'émotion qui s'en dégage plutôt que le pittoresque qu'il en pourrait décalquer ; est-il question d'un personnage historique, il en sentira surtout les émotions de cœur et rattachera tous les autres sentiments du héros à celles-là ; devra-t-il prier, son oraison sera voluptueuse et ses larmes même, quand il s'attendrira avec Manon ou pleurera dans les cheveux dorés de Magdeleine, seront une rosée d'amour, plutôt qu'une expression douloureuse.

Toutefois ce n'est pas réellement un sentimental, ou un

profond amoureux aux opiniâtres aspirations, c'est un enjôleur aux savantes caresses, aux troublantes paroles, c'est l'amant ce n'est pas l'époux.

Un parfum yonique domine toute son œuvre et, on peut l'affirmer hardiment, la dominera toujours. Spécialiste des excitements peut-être inventera-t-il de nouvelles ivresses, peut-être (lui qui plus que tout autre légitima l'axiome que la musique est une masturbation de l'oreille) saura-t-il accoupler les sons et violer les harmonies de si neuve manière, de si persuasive façon, qu'il en naîtra un inconnu de jouissance, le je ne sais quoi d'un Káma-Soutra quintessencié, qui réalisera l'Evangile de la chair, la prière suprême à Vénus, mais qu'il crée ou qu'il se répète, qu'il progresse où qu'il décline, ce sera pour et par la chair indéfiniment et toujours.

Très français par la verve, par l'habilité, par la grâce dont il enveloppe toute chose comme tout être, il est allemand par le savoir, par le raisonnement sur lequel il échafaude son œuvre, il est italien par la longueur et l'emportement de sa mélodie.

Tempérament exceptionnel, doué comme peut-être aucun autre musicien vivant, travailleur comme personne, obstiné à l'excès malgré son apparence mobile, il réalise le type absolu de l'artiste moderne, génie fiévreux, talent tourmenté aux ambitions sans bornes morales ou matérielles, aux fougues excessives, aux nerfs dominants, et qui dans le brouhaha de la vie d'aujourd'hui, où tout compte si peu et où tant de gens comptent, ne peut vaincre et convaincre qu'en fascinant.

Fasciner, c'est ce qu'il fait avant tout et son mérite le plus grand est peut-être de ne le faire, pouvant nous tromper, qu'à bon escient, qu'avec conviction, qu'avec conscience pour ainsi dire, de n'enivrer qu'avec des senteurs rares, de ne cultiver que des fleurs spéciales, et ne déposer sur les marches de l'autel des dieux préférés, que des offrandes dignes et sincèrement offertes. Massenet ne chante que pour et par l'amour, c'est vrai, mais il croit à la chair, il l'aime et la célèbre avec fierté et religion ; qu'importe donc l'idole qu'il encense, si elle l'inspire si divinement et si le sacrifice nous vaut de si divins résultats et de si beaux enchantements.

III

Quatre partitions le catégorisent absolument et peuvent de toutes façons servir à préciser sa physionomie artistique. Ce sont *Marie-Magdeleine*, *Manon*, *Esclarmonde*, *Werther*.

C'est dans les deux premières qu'il a mis tout son cœur, c'est dans les deux autres qu'il s'est élevé le plus haut.

Il a poétisé Manon, il a su l'habiller de si tendres couleurs, lui faire murmurer de si doux babillages, qu'il l'a rendu populaire, presque au même titre que Mignon, tant qu'on croit lire au-dessus de l'estampe, par lui dessinée, le nom d'Ary Scheffer.

La partition de *Manon* est de toutes celles qu'il écrivit, celle qui suscita le plus de polémiques, qui vint le mieux à son heure et qui triompha le plus franchement. Pour beaucoup Massenet est resté l'auteur de *Manon* et le restera toujours peut-être. Et vraiment pas un musicien ne pouvait réussir comme lui ce type gracieux et frivole, sentimental et cruel, cette figure pourrait-on dire de Parisienne moderne, ne rêvant que de s'amuser toute une vie, *Traviata* d'occasion, dont elle n'a qu'à peine le masque, jamais la sincérité et qui ne sait se repentir que trop tard et inutilement d'un bout à l'autre de l'ouvrage. Massenet a bien mis en relief le petit caractère de cette petit folle, au fond toujours la même, sous sa coiffe de paysanne ou sa perruque régence, dans la petite chambre ou à l'hôtel de Transylvanie, poupée au sourire de commande, que rien ne peut émouvoir profondément et qui dans la première étoile, éclairant son heure suprême, ne voit qu'un beau diamant, qu'elle serait heureuse de posséder.

Ce qui est délicieux dans l'œuvre de Massenet, ce n'est pas seulement ce rôle de Manon si finement esquissé, si délicat de mélodique, de forme et de couleur, c'est le goût avec lequel s'harmonisent les diverses nuances, qu'il a si bien su disséminer et faire valoir. A côtés des passages brillants où la variété de l'orchestre le dispute à la joliesse de la mélodie, il y a des pages vraiment profondes et vécues et je ne crois pas qu'il y ait dans la musique française beaucoup de fragments aussi beaux que la rencontre fortuite de Manon avec le père de Desgrieux. Ce dialogue si senti, si douloureusement bref qu'accompagne en sourdine, le menuet, cette réplique du vieillard sonnant comme un glas : « Faut-il donc savoir tant de choses », réalisent un épisode vraiment grand, vraiment humain et la broderie sonore ne saurait être plus exacte, le sentiment musical plus réussi » ; à l'acte de St-Sulpice, il a su en tragédiant la situation, prêter des accents émus et sincères à des personnages qu'il a dû pour cela, élever au-dessus d'eux-mêmes, qu'il est arrivé à rendre réellement vibrants, ce qui n'était pas aisé, avec cette amoureuse par caprice et cet indécis sans caractère. Dans ce même acte il faut aussi admirer les larges successions d'accords écrits pour les tonalités anciennes, et que clame l'orgue en avertissement, tandis que Desgrieux se remémore l'image chérie. Je n'aime guère le brindisi-valse de la scène du jeu quoiqu'il stigmatise en quelque sorte la coupable insouciante, mais qu'elle est vécue, la phrase du ténor, « Manon sphynx étonnant » avec l'exquis changement de tonalité si à-propos sur les mots : « O folle que tu es » changement qui revient, au ton principal avec : « Je t'aime. »

Je ne sais pas si *Manon* est, comme le croit la majorité, le chef-d'œuvre de Massenet, personnellement je considère comme la plus grande, celle de toutes les productions d'un maître, qui accuse la plus profonde réflexion et le plus sérieux effort vers un idéal sincèrement aimé et religieusement poursuivi, avant tout article de foi pour l'artiste. Or dans *Manon*, chef-d'œuvre de grâce, sourire d'un pastelliste, délayant des pâleurs de crépuscule, il n'a eu en réalité qu'à s'abandonner à lui-même, qu'à chanter sa bonne chanson, certes en accomplissant de main de maître tout le travail architectural et en poussant le fignolage des détails à l'indéfini, mais cela lui est si facile, quand on possède en poche la clef des jardins d'Armide, il serait vraiment cruel d'être avare de ses fleurs ; je place donc *Esclarmonde* et *Werther* bien au-dessus de *Manon*, tout en ayant pour cette dernière l'admiration qu'elle commande.

Marie-Madeleine est, de toutes les figures de la Bible, celle qui appelait le plus naturellement et le plus vivement la musique de Massenet.

C'est avec cette partition que Massenet s'est révélé, qu'il a conquis d'emblée la place de maître, qu'il s'est attiré enfin cette réputation de charmeur, cette tendre amitié qu'ont pour lui toutes les femmes et tous ceux qui les aiment.

De toutes les partitions c'est peut-être celle qu'il a composée avec le plus d'amour ; en effet, elle est la mère plus ou moins officielle de nombre de ses productions suivantes et l'on y trouve aussi le germe principal de ce qui est devenu : *sa mélodie.*

C'est dans *Marie-Madeleine* que se précisent son tempérament et son caractère, l'émotivité qu'il cherche avant tout à produire, c'est enfin là qu'on le devine tout entier et que se dessine nettement la voie qu'il veut suivre.

D'apparence religieuse, faisant évoluer des personnages bibliques, cet ouvrage est essentiellement profane autant par la façon dont il a été conçu que par la forme même qu'on lui a donné, par la langueur sensuelle des mélodies dont il déborde, qui en font une apologie de Marie-Madeleine *amoureuse*, de Marie-Madeleine perdue par l'amour maudit, sauvée par l'amour rédempteur.

En entendant ce court prélude initial et initiateur 6/4 au murmure discret, on se croit presque transporté dans une Judée de rêve, par un beau soir d'été ; il semble qu'on entende la musique des solitudes où rêva Jésus, mais ce n'est pas lui qui apparaît, ce sont les tresses blondes de Madeleine, les visages clairs des femmes qui le consolaient et dans une atmosphère mystique, dans un enivrement divinement matérialisé, elles chantent extatiques : « Il sera beaucoup pardonné à celles qui auront beaucoup aimé. »

De Marie-Madeleine naquirent Eve et la Vierge, une femme dont il a fait un ange, un ange dont il n'a fait qu'une femme.

Dans *Esclarmonde* (1) Massenet se mesure avec la légende et s'élève au drame. Aussi grand que l'on soit, il faut toujours aspirer à s'élever au-dessus de soi-même, c'est ce que cette fois-là il a avant tout voulu faire et c'est pourquoi il se dégage de cette œuvre, quelque chose de plus que de simples émotions.

(1) Lire dans *La Revue Indépendante* l'article de Bruneau sur *Esclarmonde*. Mai 1889.

A chaque page se remarque une ambition nouvelle, une tendance à créer de l'inédit, de l'inentendu, et ce sont des recherches de sonorités touffues, d'enchevêtrements singuliers, une richesse de coloris aveuglante, une réunion, presque un abus d'habiletés symphoniques, où se développe indéfiniment et dans toute sa maîtrise, un talent prodigieux et une personnalité toujours reconnaissable et n'abdiquant jamais, quel chemin qu'elle suive et quel but qu'elle essaie de toucher.

Esclarmonde un drame wagnérien ? Non. — Un ouvrage où l'auteur a essayé de créer une forme entre l'opéra et le système allemand de Wagner, qu'il sait hélas, malgré les enthousiasmes et la mode, à peu près incompréhensible chez nous, du moins en ce qui en concerne le fond et la nature même.

Je crois d'ailleurs Massenet en réalité beaucoup plus wagnériste qu'il ne l'avoue et beaucoup plus sous l'influence du *Titan* qu'il ne le paraît, seulement il sait que Wagner est un dangereux exemple et que comme le Minotaure il dévore ses enfants, alors s'assimilant de lui ce qui lui a paru pouvoir s'adapter à notre esprit et à nos mœurs, il a composé une nouvelle manière, pourrait-on dire, qui représente à peu près ce qu'on pourra faire de mieux dans l'opéra français et dont il faut regretter qu'il n'ait pas une seconde fois fait l'essai en l'amplifiant.

Ce qu'il faut admirer surtout dans *Esclarmonde* c'est le brio orchestral qui y règne, c'est l'opposition qu'il a su si habilement rendre et de façon bien plus caractéristique que partout ailleurs, entre l'extase sensuelle et l'extase mystique.

Il est impossible à la musique d'être plus charnelle, je dirai même plus aphrodisiaque qu'à l'intermède symphonique du « divin » moment au tableau de l'Ile enchantée ; rarement d'autre part Massenet a trouvé une phrase plus noble, que celle par laquelle Roland accepte le glaive de Saint Georges : « O glaive, à ton aspect je m'incline avec crainte. » C'est le digne pendant de la marche religieuse d'*Hérodiade*.

En résumé *Esclarmonde*, partition diaprée des plus diverses originalités, est une de celles où Massenet a fait le moins de concessions à la foule et où il a avec le plus de conviction défendu résolument une idée fixe et un but défini ; tout en portant autant que ses autres productions ce cachet personnel, ce parfum spécial qu'il est seul à distiller *Esclarmonde* a en même temps quelque chose de plus et de mieux, elle n'a pas seulement le don de satisfaire et de charmer, elle est aussi quelque peu éducatrice de l'art supérieur de la musique, elle est surtout un effort et un résultat.

Il n'y a pas de compositeur plus français que Massenet, il n'y a pas de sujet plus allemand que *Werther* et c'est cependant là que Massenet s'est révélé le plus sincère, le plus profond et le plus vrai.

Non seulement *Werther* est le chef-d'œuvre de Massenet, mais c'est une des belles choses de la musique moderne et je suis persuadé qu'aucun autre compositeur n'aurait si élégamment et si simplement tracé cet épisode douloureux, cette tranche de vie, qui est un poème de devoir et de larmes.

Rien n'est plus tendre que le prélude avec le chant du violon, rien n'est plus charmant que la scène du commencement entre les enfants, Charlotte et le bailli, et je ne sais guère de mélodies plus expressives que celle que Massenet met dans la bouche de Werther tout le long du premier acte.

Et la scène du clair de lune ; quoi de plus discret, de plus opalin, de plus pénétrant, la douceur des sonorités rivalise avec celle des pâleurs lunaires et c'est vraiment quelque chose d'une âme qui s'oublierait à chanter dans la nuit. Au second acte un vilain air de trop, allegro de ténor dont il ne faut pas se souvenir, mais au tableau suivant quels accents émus, quelles vraies larmes dans le cantabile : « Les larmes qu'on ne pleure pas, dans notre âme retombent toutes ». Et ce dénouement si rapide, si simple, si émouvant par la simple opposition du rire des enfants, tandis que meurt Werther, sans duo, sans grand air. N'est-ce pas beau pour un musicien dont on dit qu'il cherche surtout l'effet brutal et les applaudissements.

Il ne me semble pas étonnant que Massenet ait donné à Charlotte de jolies choses à chanter et qu'il l'ait si gracieusement définie ; à force de flirter avec tant de courtisanes, depuis notre mère Eve jusqu'à Varedha, le dégoût a, ce me semble-t-il, dû le saisir quelque peu et au contact de la petite bourgeoise honnête qui ne veut pas du paradis d'Indra et qui ignore heureusement pour elle la Rue de la Paix, il a dû se sentir plus naturellement sincère, plus apte à une besogne digne et sérieuse, tels les estomacs qu'abîmèrent épices et mets coûteux, aspirent au verre d'eau pure, puisé à la source même.

La partition de *Werther* est parente de celle d'*Esclarmonde*, elle est moins wagnérienne que cette dernière et cependant bien plus allemande, autant par la philosophie qui s'en dégage que par son caractère et son essence même.

Certes il faut applaudir et aimer la Manon, la Marie-Madeleine, l'Esclarmonde de Massenet, mais il faut avant tout s'incliner devant ce Massenet de *Werther* (1).

L'étude des partitions de Massenet révèle surtout une sûreté de main extraordinaire, le don d'être lui-même toujours et quoi qu'il fasse, enfin Massenet est le premier des compositeurs français qui ait adopté cette mélodie sans ligne complètement définie, ces successions de périodes sans coupe arrêtée, ces *parlando* sur une même note tandis que l'orchestre commente la situation, ce ton mélancolique général du chant, qui rappelle la cantilène allemande et les rêveries à la Schumann; il a remplacé les larmoyances d'orgue de barbarie, des musiques italiennes, par une note discrètement triste, finement sentimentale, par des soupirs qui sont presque des caresses, il a tamisé le soleil brûlant d'Italie par des vitraux d'opale, aux enjolivements smaragdiens; certaines de ses *pages d'orchestre* ou de ses *poèmes chantés* ne sauraient être mieux comparés qu'à ces bijoux que ciselaient les artistes de la renaissance et où le travail de la patience rivalisait avec le goût et l'habileté de l'ouvrier. Oui Massenet sait divinement sertir les pierres précieuses, les faire valoir, en cacher les défauts, oui il s'entend comme pas un à parer, à donner avec peu l'illusion de la richesse, à charmer plutôt par le goût qu'à éblouir par la violence et c'est bien le « Maître adorable », comme l'appelle Anatole France, dont l'autel entouré de fleurs luxuriantes et luxurieuses attire tous les délicats et fascine tous ceux qui s'en approchent.

---

(1) M. Lionel Dauriac, professeur de philosophie, chargé d'un cours d'esthétique musicale à la Sorbonne, a écrit quelque part que *Werther* était une des plus belles partitions modernes.

On a dit, et je l'ai déjà constaté, que Massenet tenait de Gounod ; oui, si tous les amoureux se ressemblent ; non, mille fois non, autrement ; il y a un romantique auquel il se confie auquel il s'abandonne et qui lui a versé bien des fois le nectar dont il s'abreuve et chez lequel il cherche régulièrement, j'en suis sûr, l'émotion communicative qui est sa plus grande qualité. Ce Maître dans l'âme duquel il communie, c'est Chopin.

Oui, les musiciens d'amour sont Chopin et Massenet, ne vous étonnez pas si j'accole leurs noms, il me semble que l'avenir qui met toutes choses à leurs places, réunira leurs deux mausolées dans le même sanctuaire, où fleuriront éternellement des roses aux troublantes odeurs, où chantera la nuit l'oiseau de Juliette, ce sera l'endroit charmeur où, les nuits de printemps, viendront les amoureux pour rêver aux étoiles et la brise leur dira les doux chants d'Anahita : « Ah ! parle encore, encore », et des buissons montera la mélodie des nocturnes, comme un bruissement de feuilles en suprême enchantement.

Quelles extases, quels désirs ne signifient pas la musique de Chopin, il diffère peut-être de Massenet en ce qu'aussi sensuel il est moins frénétique et que ses accords, s'ils expriment toute la maladive imagination d'un raffiné sentimental, finissent par s'évanouir en un calme apparent (on dirait que la bien-aimée s'endort), mais la même flamme les brûle tous les deux, ce sont les visionnaires des paradis d'amour et Massenet, lui dont l'œuvre représente toute l'histoire de la femme, n'est-il pas quelque chose comme un dispensateur de sensations, celui qui distille un suc enivrant dont les houris jadis, lui dirent le secret. Chopin et Massenet ont encore autre chose de commun, ils caractérisent leur époque. L'un c'est le romantisme énervé, le fils divin d'une nation morte dont il a recueilli le dernier souffle et exhale l'harmonie, c'est le Slave dont l'ardeur toute méridionale est tempérée par les neiges d'Ukraine et qui n'entrevoit le soleil qu'avec des yeux voilés de larmes. Chopin, enfin, c'est l'ange qui donne à la jeune vierge rougissante le premier baiser dont elle tressaille troublée et dont elle rêve le soir en disant avec Musset : Toi dont la voix est douce ; chanteur mystérieux, reviendras-tu me voir. Chopin initiateur d'amour, à lui le premier songe et le premier regret ; Massenet, lui est l'homme du siècle, il sait bien que nous ne sommes plus au temps des longues rêveries, il précise ce que Chopin

effleure et s'il rompt trop tôt le charme précurseur, c'est pour
verser de l'ivresse à plein bords, pour vous abasourdir sous le
flot intarissable de sa frénésie enthousiaste et de son éternelle
volupté. Ah! il la connaît bien cette fin d'époque où l'amertume
des désillusions cherche, en de vagues névroses, l'oubli et
l'assouvissement, ah! il sait bien l'enchanteur, que nous ne
goûtons plus que les fleurs du mal, qu'il faut pour nous griser
des parfums défendus et railleurs, il préside à l'orgie, il conduit
l'infernal quadrille, nous jetant aux yeux cette poudre d'or
qui nous aveugle, mais qui, comme les breuvages d'Orient,
donne à notre blasisme pervers, l'illusion d'une heure.

A certains moments on voudrait le maudire, se séparer de
lui, comme d'une femme fatale dont l'étreinte est morbide et le
pouvoir funeste, mais de même qu'on retombe vaincu quand
paraît la charmeuse, de même on s'abandonne à lui, ivre de
voir encore la muse des baisers, vous frôler de ses lèvres.

Nous ne pouvons certes présager de l'avenir et c'est à la
postérité qu'appartient le droit définitif des jugements, mais
n'oubliez pas que si s'écroulent les plus solides édifices, si
s'effritent les idoles et si se transforment les religions, un culte
du moins ne saurait pas périr, qu'à chaque printemps renais-
sent les roses, et qu'au lointain paradis seront éternelles les
amours. C'est pourquoi nous devons aimer ceux qui charment
les sombres heures, ceux qui, ayant pitié de nos peines, versent
en nos âmes les suprêmes enchantements. Haranguer est
bien, mais n'a-t-il pas le plus beau rôle, celui qui au lieu de
sonder nos plaies y verse un baume pour les guérir.

Ce que Massenet est en musique, il l'est aussi dans la vie privée, dans les rapports généraux, dans l'amitié : un charmeur. Aussi prévenu que l'on soit contre lui, il est presque impossible de lui résister, il a un je ne sais quoi de féminin, de captivant, qui subjugue et qui convainc. Excessivement serviable, s'intéressant aux plus humbles, encourageant tous et toujours, il a ce je ne sais quoi de « paternel » dont on ne saurait assez le féliciter ; et si toujours on ne peut avoir pour ses créations, cette admiration absolue que mérite rarement une œuvre humaine, du moins même dans ses concessions et ses erreurs, sait-il toujours se faire aimer, se faire pardonner quand ce n'est pas, ce qui est pire, se faire suivre.

Certes, il a des ennemis (ou plutôt des rivaux malheureux, car parmi ses adversaires d'école ou de principe, tout le monde reconnaît sa personnalité et son merveilleux talent ; et ce sont hélas ! justement ceux qui lui doivent le plus, qui lui jettent la première pierre), mais qu'importe, il est trop obligeant pour ne pas avoir d'ingrats, il est trop grand pour ne pas être contesté, et dans la jeune armée de la jeune musique française, c'est à la fois le porte-drapeau et le général victorieux.

Massenet a aujourd'hui 54 ans, il est célèbre dans tout l'univers et peut-être de tous les musiciens le plus joué ; non seulement il peut baser sa gloire sur le travail accompli et sur l'infatigable ardeur qui nous vaudra, jusqu'à sa dernière minute, des pages toujours intéressantes, et peut-être cette œuvre décisive que les puristes attendent de lui, mais il est aussi le maître, le professeur de presque tous ceux qui paraissent devoir tenir un certain rang dans l'école française, et quand on a formé Paul Vidal, Xavier Leroux, Alfred Bruneau, on aurait presque le droit de se reposer, si le repos n'était coupable et défendu par la nature.

Comme je le dis ailleurs, le présent ne peut efficacement juger le présent, mais demain ne nous appartient pas et si le laurier ne doit couronner que les fronts morts, du moins peut-on effeuiller des roses sous les pas des vainqueurs.

OUVRAGES AU THÉATRE

LA GRAND'TANTE

Opéra-comique en un acte

Livret de MM. J. Adenis et Ch. Grandvalle.

Première représentation à l'Opéra-Comique, le 3 avril 1867

Mlles Heilbronn, Girard. — M. Capoul.

Clément, dans son Dictionnaire lyrique, discute l'ouvrage en ces termes : Le sujet n'est pas lyrique. Un oncle avare a épousé une jeune fille à laquelle, il a laissé en mourant toute sa fortune, mais il n'avait pas signé son testament. Son neveu arrive d'Afrique dans le château qu'il veut vendre immédiament. Il voit la jeune femme, sa grand'tante ; il en est épris et fasciné.

Il ne songe plus qu'à prolonger son séjour dans le château.

Il va même jusqu'à contrefaire la signature de son oncle, ce qui est une licence trop forte. Aussi la grand'tante le déchire, Après un combat de générosité mutuelle, la grand'tante cède aux prières du jeune militaire et promet de rester. La musique est bien faite, intéressante, elle révèle de fortes études musicales.

On a remarqué un air chanté par le ténor : « Allons camarade ». la jolie phrase du duo : « Fée, ange ou femme » ; les couplets de la corvette : « File corvette agile ».

Dans la *Revue de la musique dramatique en France* (*). Crozet s'exprimait ainsi : La *Grand'tante* est un petit sujet breton dont la musique est bien faite et révèle de fortes études musicales.

(*) Grenoble 1866. Supplément 1872.

L'orchestre est plein d'élasticité, il annonce de précieuses ressources de *grâce et de vigueur* ».

Gustave Bertrand disait dans le *Menestrel* (7 avril 1867).

« Ce n'est pas que la partition manque de qualités et ne promette également un musicien original et distingué, mais le jeune artiste ne traite pas les voix avec autant d'habileté que les instruments ; les ritournelles crèvent de travail, les accompagnements obsèdent le chant de dialogues multiples et de répliques indiscrètes. En calmant ce zèle excessif, en émondant un peu ce travail luxuriant, il resterait un curieux et sympathique talent et comme M. Massenet réussit mieux les andante que les allegro, les morceaux sérieux ou pittoresques que les parties d'opéra-comique proprement dit, on peut lui conseiller de rechercher les livrets poétiques ».

La *Grant'tante* eut en tout 17 représentations (1867).

DON CÉSAR DE BAZAN

Opéra-Comique en 4 actes

Livret de MM. d'Ennery, Dumanoir et Chantepie

Première représentation, Opéra-Comique, 30 novembre 1872

Mmes Galli-Marié, Priola. — MM. Bouhy, Lhérie, Neveu.

La critique discuta cet ouvrage avec beaucoup de sévérité. Le spectre wagnérien médusait d'ailleurs à ce moment toutes les initiatives et pour peu qu'un compositeur sortit de l'ornière nationo-traditionelle, son compte était d'avance réglé.

Clément dans son dictionnaire lyrique s'exprime ainsi :

« Beaucoup de nos compositeurs, égarés par l'enseignement qui leur a été donné et par les exemples de leurs maîtres, se sont fait une idée erronée de la musique dramatique. Ils y ont fait une part trop grande au genre descriptif. Ce qui est admirablement à sa place dans les symphonies de Beethoven et dans les Saisons d'Haydn est hors d'œuvre dans un opéra où l'action, la passion et la sensibilité doivent dominer. La musique de cet ouvrage est plutôt symphonique que dramatique, la partie vocale est sacrifiée à des effets harmoniques ou rythmiques qui lui ôtent toute expression et tout caractère ».

Que dirait-on maintenant ?

Don César de Bazan a été repris au Théâtre de la Monnaie de Bruxelles, le 16 novembre 1896, avec Frédéric Boyer, MM. Bonnard, Gilibert et Mlle Gianoli, et donné à Lyon le 22 mars 1890, avec M. Duthoit, dans le rôle-titre et le 29 avril 1889 à Nantes, avec Mlle de Sany.

***

En 1888, Massenet remania la partition et refit l'orchestration qui avait été détruite dans l'incendie de l'Opéra-comique.

***

A l'Opéra-Comique Don César de Bazan eut huit représentations en 1872 et cinq en 1873.

LE ROI DE LAHORE

Opéra en cinq actes et six tableaux

Livret de Louis Gallet

Première représentation, Académie Nationale de Musique, 27 avril 1877

ALIM	MM. Salomon.		SITA,	Mᵐᵉ Joséphine de Reszké.
SCINDIA,	Lassalle.		KALED,	Mᵐᵉ Fouquet.
TIMOUR,	Boudouresque.		RADJAHS :	
INDRA,	Menu.		MM. Grisy, Sapin, Mermand, Mont-	
UN CHEF,	Auguez.		vailland, Lonati, Fréret.	

Divertissement du troisième acte réglé par M. Mérante et dansé par Mᵐᵉˢ Righetti, Mérante, E. Parent, Sanlaville, Fatou, Pallier, Piron, Montaubry, Robert, Mollnar, Lapy, Bussy, Larieux, Mercedès, Bornay, Monchanin, Roumier, Biot, Méquignon.

La partition dédiée à M. Halanzier-Dufrénoy, directeur de l'Opéra, fut éditée par Hartmann, et le livret par Calmann-Lévy.

La répétition générale, contrairement à l'usage, eut lieu à huis-clos, et le 16 avril M. Halanzier avait eu soin d'écrire, à chacun des abonnés, la lettre suivante :

« MONSIEUR,

« Par suite d'un usage établi depuis longtemps et que j'ai respecté, Messieurs les abonnés de l'Opéra ont assisté jusqu'ici à la plupart des répétitions générales d'ouvrages nouveaux.

« Je me vois aujourd'hui, bien à regret, dans l'obligation de déroger à cet usage, et je viens vous expliquer la cause de cette exception. Les répétitions générales, quelque soin qu'on y apporte, ne sont, en réalité, que des épreuves préparatoires. Quand il s'agit de l'œuvre d'un maître, on peut, à la rigueur, livrer au public le secret des derniers travaux. Il n'en est pas de même avec un jeune compositeur, dont l'avenir tout entier dépend d'une impression qui peut être plus ou moins bonne et sur laquelle on revient toujours très difficilement.

« Dans la circonstance présente, profondément pénétré de la grave responsabilité qui m'incombe, j'ai tenu à ne présenter l'œuvre de M. Massenet qu'après lui avoir consacré tous mes soins, jusqu'au dernier moment. J'espère que vous apprécierez, à sa juste valeur, un pareil scrupule, et que vous voudrez bien y voir, avant tout, non-seulement un sentiment de sollicitude toute naturelle pour un jeune artiste de grand mérite, mais aussi le grand désir qui m'anime de vous satisfaire, en ne négligeant rien de ce qui est de nature à atteindre un résultat aussi complet que possible.

« Je vous prie....., etc.

« Le Directeur de l'Opéra,
« HALANZIER. »

Le *Roi de Lahore* eut a l'Opéra trente représentations en 1877 ; onze en 78 ; dix-sept en 79, et fut monté à Lyon, en 1880 avec Lassalle, au Théâtre Bellecour par M. Guimet.

« L'action se passe dans l'Inde à l'époque de l'invasion musulmane, dirigée par le sultan Mahmoud. Alim, roi de Lahore, pénètre tous les soirs incognito dans le sanctuaire du temple et murmure des paroles d'amour à la jeune prêtresse Sita. Mais le ministre du roi, Scindia aime la même jeune fille et veut l'épouser. Sur le refus de Sita il la dénonce comme sacrilège. C'est alors que le roi se fait connaître. Pour expier son crime et mériter Sita, il entreprendra la guerre contre les infidèles. Mais au fort de la bataille, il est frappé par Scindia et aussitôt abandonné de ses soldats qui reconnaissent pour roi le meurtrier. Alim demande à Indra, le souverain du ciel, la faveur de quitter le paradis et de revenir sur terre pour revoir sa bien aimée. Le « Bon-Dieu » exauce la prière d'Alim, mais il décide que son destin sera intimement lié à celui de Sita. « Quand elle mourra, tu mourras avec elle », a dit Indra. C'est ce qui arrive en effet :

Pour échapper à Scindia qu'elle abhorre, Sita ne voit pas d'autre moyen que de se poignarder. Alim meurt de sa mort.

L'apothéose des deux amants termine cette pièce orientale et féerique, très littéraire et très musicale, sinon très dramatique.

. . . . Dès l'ouverture, le sujet de l'ouvrage est carrément posé. A une longue phrase amoureuse pleine d'ampleur succède la description symphonique de la bataille, qui est d'une sonorité puissante et vigoureuse. Le premier tableau, qui se passe devant Lahore, comprend le beau chœur : « Sauve-nous tout puissant Indra » et le duo mélodique entre Scindia et le grand prêtre Timour : « Je veux croire encore à ton innocence » phrase charmante qu'on ne se lasse point d'entendre répéter, et qui paraîtrait à notre sens encore plus jolie, si Lassalle la chantait un peu moins vite. Le second tableau — le sanctuaire d'Indra — commence par le délicieux chœur des prêtresses : « Ame timide », suivi de cette phrase pleine de couleur, dite par Sita : « O Scindia, c'est l'esprit de mon père ». Vient ensuite le duo dont le début : « Celui qui t'aime enfant, te rend la liberté », est ravissant et se continue par le naïf récit de le jeune vestale : « C'était le soir d'un jour de fête », accompagné par le violon-solo ; l'amoureuse exclamation de Sita : « Pourquoi troubler ainsi ma vie ». Quant au final, comprenant le bel air de Sita : « O Timour, tu me crois coupable », la charmante petite phrase d'Alim : « Vois je ne serai pas ton maître », et la réponse de Sita : « Vous parlez d'obéir », il est d'une mélodie luxuriante et d'un souffle vraiment dramatique.

Après la symphonie de la bataille, le rideau se lève, au second acte, sur le splendide décor de Thâl. — Chéret pinxit.

Un ravissant dessin des violons sert à accompagner la danse des esclaves persanes. Puis vient une page absolument exquise, le duo de Sita et de Kaled : « C'est le soir, la brise pure ». La reprise de la fanfare guerrière est d'une grande beauté. En véritable artiste qu'il est, M. Massenet connaît la valeur des contrastes ; aussi a-t-il placé, après la délicate mélodie des deux femmes, la saisissante scène de l'abandon ! « Lâches, qui désertez ma cause », avec la farouche réponse du chœur et la belle phrase de Scindia : « Tu m'as ravi, Sita que j'aime » ; citons encore le duo passionné d'Alim et de Sita et arrivons au 3ᵉ acte, qui est celui du paradis indien. Le lever du rideau avec l'éblouissant tableau de Lavastre, a été salué de longs applaudissements. Massenet a réussi admirablement la musique de cet acte tout entier, depuis la marche céleste, jusqu'à la scène magistrale de l'Incantation : « Qu'il soit lui, qu'il ne soit plus lui », en passant par les délicieux airs du Ballet des Apsaras, si admirablement rythmés, si merveilleusement orchestrés, comprenant l'adorable motif de la valse lente, dit d'abord par le cor anglais et repris ensuite par les violons, le gracieux épisode du petit flûtiste et ses variations sur la mélodie hindoue. Contentons-nous de rappeler au 4ᵐᵉ acte, l'air d'Alim, l'arioso : « Viens charmer mon cœur amoureux », que Lassalle redisait à la demande générale et le finale qui était très dramatique et très mouvementé, sans cesser pour cela, d'être admirablement clair et chantant ; notons encore, en courant, le magnifique entr'acte, l'air de Sita et le dernier duo d'amour, bien enlevé par Mᵐᵉ de Reszké dont la voix est charmante, surtout dans le médium, etc., etc. . . »

NOEL et STOULLIG.
(Annales du Théâtre et de la Musique, 1897.)

*
* *

. . . . Cet opéra n'est pas un chef-d'œuvre, à coup sûr ; il ne paraît pas d'ailleurs avoir obtenu les suffrages de la presse, au même degré que les précédents ouvrages vocaux de M. Massenet, pour lesquels on avait dépensé des trésors d'indulgence, ou si vous voulez de bienveillance ; mais enfin, c'est un ouvrage de mérite, intéressant à étudier, qui témoigne d'efforts soutenus de là part du musicien et qu'on est heureux de rencontrer après tant de platitudes sonores dont je ne veux pas troubler le repos éternel. . . . . . .

ADOLPHE JULLIEN.
(Musiciens d'aujourd'hui, 1892.)

« Place aux jeunes et surtout place aux forts ! Massenet a 35 ans à peine. Beethoven à 35 ans avait fait Fidelio ; Weber : le Freyschütz ; Rossini : Guillaume Tell ; Meyerbeer : Robertle-Diable ; Wagner : le Tannhæuser ; Berlioz : Roméo et Juliette ; à 35 ans, Halévy avait fait la Juive. Mettons, afin de ne pas éveiller la susceptibilité des biographes, que Rossini avait 36 ans lorsqu'il fit Guillaume Tell ; il avait fait auparavant le Barbier et Moïse. Donc ces maîtres là, lorsqu'ils écrivaient ces chefs-d'œuvres, étaient jeunes et ils étaient forts. C'est-à-dire qu'à 35 ans, ils avaient donné la mesure de leurs forces ; quelques-uns avaient atteint le point culminant de leur génie.

Il ne faut donc pas s'étonner de la précocité de Massenet, parce qu'à 35 ans, il a fait un opéra en 5 actes. Ce qu'il y a de vraiment surprenant, c'est qu'il soit arrivé à le faire représenter. Cela a eu lieu moins par la force des choses, que par l'effet du hasard.

. . . .

L'influence wagnérienne se fait-elle sentir autant qu'on l'a dit dans la nouvelle partition de M. Massenet. Je ne le pense pas ; dans tous les cas, comme ce n'est pas devant la troisième incarnation de Vichnou — je veux dire de Wagner — que Massenet aurait fléchi le genou, le mal ne serait pas sans remède, je trouve au contraire que le jeune maître, caressant tour à tour les styles des trois écoles, a fait une part à chacune. Ce qui n'empêche pas, que si l'on cherche dans son œuvre le cachet caractéristique de son individualité, on le trouvera. Or, ainsi que je le disais dernièrement l'individualité, l'originalité touche de bien près au génie.

Est-il en art un don plus précieux, plus rare que l'individualité ».

ERNEST REYER.
(*Journal des Débats*, 10 mai 1877).

Le troisième acte, à lui seul, mériterait les honneurs du répertoire. Il se passe dans le paradis d'Indra, en plein exotisme musical. La marche céleste, le ballet, surtout les variations de la mélodie indienne, petits bijoux d'harmonie, de contrepoint et d'instrumentation, tout cela donne bien l'idée de Champs-Elysées indous. Soudain, un homme paraît : Alim, le roi de Lahore assassiné par son rival. Il vient de la terre, où il a souffert, aimé, où il est mort, et aussitôt éclate un lamento déchirant. Tout l'orchestre gémit, sanglote, comme s'il pouvait à peine porter tant de douleur. C'est une trouvaille musicale et dramatique, cette brusque irruption de la misère mortelle au milieu des éternelles délices ; c'est un exemple encore de l'alliance émouvante du sentiment humain avec le sentiment de la nature.

CAMILLE BELLAIGUE.

(Psychologie musicale. Delagrave, 1893).

HÉRODIADE

Opéra en quatre actes et sept tableaux

Livret de Paul Milliet et Henri Grémont

Représenté pour la première fois à Bruxelles

Direction de MM. Stoumon et Calabrési

BRUXELLES
Théâtre de la Monnaie
19 décembre 1884

SALOMÉ,	Mlles Marthe Duvivier.
HÉRODIADE,	Blanche Deschamps.
JEAN,	MM. Vergnet.
HÉRODE,	Manoury.
PHANUEL,	Gresse.
VITELLIUS,	Fontaine.

PARIS
Théâtre Italien
1er février 1884

SALOMÉ,	Mlles Fidès-Devriès.
HÉRODIADE,	G. Tremelli,
JEAN,	MM. Jean de Reszké.
HÉRODE,	V. Maurel.
PHANUEL,	Edouard de Reszké
VITELLIUS,	Villani.

LYON
18 décembre 1885

SALOMÉ,	Mlle Leroux.
HÉRODIADE,	Mme Debasta.
JEAN.	MM. Massart.
HÉRODE,	Manoury.
PHANUEL,	Bourgeois.
	Chef-d'orchestre
	Alexandre Luigini.

HAMBOURG
1883, direction Pollini

SALOMÉ,	Mmes Brandt-Gœrtz.
HÉRODIADE,	Rosa Sucher.
JEAN,	MM. Hermann-Winkelmann.
HÉRODE,	Krauss.
PHANUEL,	Kœgel.
VITELLIUS,	Jos. Ritter.
	(Massenet dirigeait la première).

La première ville de France qui monta *Hérodiade* fut Nantes.
(Le tableau de la chambre de Phanuel, ajouté par le maître pour les représentations de Bruxelles, vit le jour à Nantes.)

NANTES

29 mars 1883. Direction Lafon.

SALOMÉ,	Mmes Briard.
HÉRODIADE,	Linse.
JEAN,	MM. Verrhés.
HÉRODE,	Bérardi.
PHANUEL,	Guillabert.

ANGERS

24 février 1894

SALOMÉ,	Mmes Félicie Levasseur.
HÉRODIADE,	Debasta (Mme Elvéda Boyer chante au seconde représent.)
JEAN,	MM. Gulian.
HÉRODE,	Giraud.
PHANUEL,	Boudouresque fils.
VITELLIUS,	Dupuis.

MONTPELLIER

24 avril 1889. Direction Odezenne

SALOMÉ,	Mlle Candelon.
HÉRODIADE,	Mme Charlotte Rouvière.
JEAN,	MM. Paulin.
HÉRODE,	Ceste.
PHANUEL,	Athès.

(Montpellier est une des villes de province où les ouvrages de Massenet ont, jusqu'à présent, eu le plus de succès).

A Paris par suite de la faillite du Théâtre Italien l'œuvre n'eût que neuf représentations.

Le rôle de Salomé fut chanté à la reprise, à Bruxelles, par Mme Rose Caron (8 octobre 1883.)

. . . . « L'œuvre nouvelle a-t-elle justifié la curiosité qu'elle avait éveillée ? Le succès de la première soirée, succès incontestable et triomphal, paraît trancher la question ; mais la critique ne doit pas perdre ses droits et il est toujours permis de faire quelques réserves.

« En ce qui concerne le poème d'abord, il faut convenir que Massenet n'a pas eu la main très heureuse. Je ne discuterai pas le choix du sujet, car il est permis après tout de chercher la source de son inspiration là où l'on croit qu'elle jaillira avec le plus d'abondance ; mais ce qu'il faut regretter, c'est que les auteurs d'Hérodiade aient traité avec tant d'indépendance d'imagination, une donnée légendaire, dont les faits sont si généralement connus. Transformer Jean-Baptiste, ce rude et farouche prophète, au point d'en faire un soupirant d'opéra-comique, lui donner pour maîtresse Salomé qui lui fit couper la tête et faire de cette courtisane effrontée une sorte de Madeleine mystique, c'est dépasser à mon avis les bornes de liberté que le poète peut prendre avec la vérité de l'histoire.

« Je ne m'arrêterai pas à discuter la valeur du livret. Les défauts en sautent aux yeux. Indépendamment des violences qu'il fait à la légende sacrée, il est évident que l'intérêt dramatique en est excessivement faible. Autre chose est la partition de Massenet. Celle-ci est construite avec une adresse où se révèle la main d'un maître ouvrier. Toutes les parties n'en sont pas également inspirées, il est vrai, mais depuis la première mesure, jusqu'à la dernière, l'œuvre est écrite avec une sûreté de plume et une science de l'effet, qui ne saurait être poussée plus loin. . . . .

« Au point de vue du théâtre, je veux constater tout de suite, qu'Hérodiade, marque un progrès sensible sur le *Roi de Lahore*. C'est toujours le même style si l'on veut et le même procédé, mais le musicien a pris l'habitude des planches et l'on sent qu'il est aujourd'hui, sur un terrain qu'il connaît.

. . . . « J'ai dit que je ne voulais pas entrer dans le détail de l'ouvrage, je veux cependant en signaler les deux pages capitales. C'est d'abord le premier tableau, où le compositeur a été soutenu par une inspiration vraiment supérieure.

« Il est impossible de trouver des accents plus expressifs, que ceux que Massenet a prêté à la passion de Salomé et à la tendresse mystique de Jean Baptiste. Un tableau d'une couleur toute différente, mais non moins admirable, c'est celui du temple israélite. On ne saurait peindre avec plus d'art et de simplicité grandiose les mystères religieux de la religion juive ».

VICTOR WILDER.
(*La Vie Moderne*, décembre 1881).

Massenet a retrouvé par moments dans *Hérodiade*, la fraîcheur d'inspiration qui fit le succès de *Marie-Magdeleine* et plusieurs de ses mélodies ont beaucoup d'élégance, elles sont malheureusement trop identiques et le timbre seul de la voix les différencie. Assurément la romance de Salomé : « Il est doux, il est bon », est charmante, mais celle d'Hérode : « Ah ! reviens Salomé », l'est aussi, et la mélodie d'Hérodiade, réclamant la tête de Jean, ne l'est pas moins...

On en peut dire autant de l'air de Salomé au deuxième acte : « Charme des jours passés » et de la romance d'Hérode, encadrée dans son duo avec Salomé, tous morceaux portant bien leur marque de fabrique, et tous empreints d'une langueur mystique ; presque tous sont écrits sur ce rythme ternaire et s'enroulent sur l'accord de septième et de neuvième avec les cordes doublant la voix à l'unisson pour la montée finale, avant de retomber sur la tierce ou la dominante. Ils sont propres au compositeur, c'est vrai, mais ne sont pas appropriés aux personnages, puisqu'on les pourrait attribuer indistinctement à tel ou tel rôle...

... Je veux louer avant tout la scène du temple. Ici l'auteur a été heureux d'un bout à l'autre, depuis la marche religieuse d'une grâce exquise et le chant hébraïque qu'on lui a communiqué : « Schemah Israel » jusqu'aux danses sacrées interrompues par le chant de la Sulamite ; autant de pages charmantes d'idées et dont le travail symphonique est très délicat. On y reconnaît en plus d'un endroit la main qui a écrit les délicieux airs de ballet du *Roi de Lahore* et c'est là-dessus qu'il faut finir.

ADOLPHE JULLIEN.

(Musiciens d'aujourd'hui, 1892).

« A moi Regnault ! à moi Flaubert ! à moi vous tous, qui vous êtes épris de ce type étrange de puberté lascive et d'inconsciente cruauté qui a nom Salomé, fleur du mal éclose dans l'ombre du temple, énigmatique et fascinatrice ! Venez et expliquez-moi, vous les génies, expliquez-moi comment Salomé s'est changé en Marie-Magdeleine ! ou plutôt ne m'expliquez rien, je ne chercherai pas à comprendre, et je ne m'occuperai pas de l'étrangeté d'un poème, qui échappe à ma faible raison ».

CAMILLE SAINT-SAENS.

(Le Voltaire, décembre 1881.)

Cette analyse sèche et rapide ne saurait malheureusement donner une idée complète de la valeur de la partition d'*Hérodiade*. J'ai bien pu essayer de faire ressortir la beauté de certains morceaux ; mais comment faire apprécier l'ensemble de cette œuvre mâle, et pourtant si harmonieuse et si fondue ?

Comment faire admirer cet orchestre à la fois riche, sobre et corsé, toujours plein d'élégance et de caractère, cet orchestre d'autant plus solide qu'il s'appuie rationnellement sur le quatuor des instruments à cordes et principalement sur les violons, qui, merveilleusement écrits, lui donnent un éclat, un relief et un brillant superbes? Comment faire comprendre que cet orchestre paraît en quelque sorte soudé au chant, qu'il s'y lie d'une façon étonnante et semble ne faire qu'un avec lui? Comment faire saisir le charme offert par les jolis contre-points que l'auteur confie à tel ou tel instrument, les effets prodigieux qu'il en sait tirer? Comment faire ressortir cette particularité que la douceur et le fondu de la phrase musicale s'allient pourtant, dans tout le cours de l'ouvrage, à une vigueur et à un accent dramatique d'une rare intensité, et que c'est peut-être là le côté individuel, caractéristique, vraiment nouveau de la partition, que c'est un procédé ou pour mieux dire une *manière* qui appartient en propre à M. Massenet et qui constituent un élément absolument typique? Ma foi, j'y renonce, et j'aime mieux finir, comme j'ai commencé, en constatant la grandeur et la légitimité du succès remporté par le compositeur.

ARTHUR POUGIN.

(*La Musique populaire*, 29 décembre 1881.)

MANON

Poëme de M.M
H. MEILHAC et PH. GILLE

Musique de
J. MASSENET

ANON

Opéra-Comique
en 5 actes et 6 tableaux

Paroles de H. Meillac
et
Philippe Gille

OPÉRA-COMIQUE
1re Représentation
19 janvier 1884

MANON,	Mlles Heillbronn.
POUSSETTE,	Mölé-Truffier.
JAVOTTE,	Chevalier.
DESGRIEUX,	MM. Talazac.
LESCAUT,	Taskin.
LE COMTE,	Cobalet.
GUILLOT,	Grivot.
BRETIGNY,	Collin.

BRUXELLES
1re, 18 mars 1884

MANON,	Mlles Arnaud.
POUSSETTE,	Angèle Legault.
JAVOTTE,	Bégond.
DESGRIEUX,	MM. Rodier.
LESCAUT,	Soulacroix.
LE COMTE,	Schmidt
GUILLOT,	Guérin.
BRETIGNY,	Renaud.

LILLE
(1re représentation en Province).
8 mars 1884

MANON,	Mme Emilie Ambre.
POUSSETTE,	
JAVOTTE,	
DESGRIEUX,	MM. Dupuy.
LESCAUT,	Dègrave.
LE COMTE,	
GUILLOT,	
BRETIGNY,	

NANTES
11 mars 1885

	Mlle Espigat.
	Mme Poyard.
	MM. Martini.
	Mayau.
	Labis.
	Baron.

LYON
30 janvier 1886

	Mlles Jacob.
	Arnaud.
	MM. Dupuy.
	Dauphin.
	Corpait.

ROUEN
28 février 1887

MANON,	Mme Emilie Ambre.
DESGRIEUX,	MM. Mauras.
LESCAUT,	Schmith.
LE COMTE,	

LE HAVRE
2 juin 1887

	Mme Emilie Ambre.
	MM. Mauras.
	Lourde.

TOULOUSE
12 décembre 1888

	Mme Emilie Ambre.
	MM. Queyla.
	Tricot.
	Bonhivers.

BIBLIOTHÈQUE NATIONALE R.F. IMPRIMÉS

2

MONTPELLIER
26 décembre 1889

MANON,   Mme Emilie Ambre.
POUSSETTE,   Tévini.
JAVOTTE,   Dulaurens.
DESGRIEUX, MM. Devineau.
LESCAUT,   Tricot.
LE COMTE,   Darnaud.
GUILLOT,   Crutel.
BRÉTIGNY,   Sylvan.

VIENNE
19 novembre 1890

Mlle Renard.

M. Van Dyck.

GAND
5 janvier 1891

Mlle Pelosse.

MM. Séran.
Darmand.
Dutailly.

HAMBOURG
1re Représentation en Allemagne
31 octobre 1892

MANON,   Mlle Cath. Bettaque.
POUSSETTE,
JAVOTTE,
DESGRIEUX, MM. Henri Boetel.
LESCAUT,   Fréd. Lissmann.
LE COMTE,   Lorent.
GUILLOT,   Weidmann.
BRÉTIGNY,   Eichhorn.

OPÉRA-COMIQUE
Reprise
12 octobre 1891

Mlles Sybil Sanderson.
Leclerc.
Elven.
MM. Delmas.
Taskin.
Fugère.
Grivot.

MILAN
(Théâtre Cariano)
Octobre 1893

Mme Frandin.

MM. Castellano.
Isnardon.

(Première représentation en Italie.)

STOCKHOLM
Janvier 1896

MANON,   Mlle Pétrini.
POUSSETTE,
JAVOTTE,

DESGRIEUX,
LE COMTE,
LESCAUT,
MORFONTAINE,
BRÉTIGNY,

LONDRES
Reprise
juillet 1896

Mme Melba.

MM. Alvarez.
Albers.
Plançon.

St-PÉTERSBOURG
(Petit Théâtre)
Octobre 1896

Mlle Emilia Corsi.

M. Van Dyck.

L'ouvrage fut chanté en italien

OPÉRA COMIQUE
Reprise 25 fév. 97

Mlles G. Lejeune.
Vilma.
Delorn.
Eyreams.

MM. Leprestre.
Fugère.
Isnardon.
Jacquet.
Marc Nohel.

La 200me de Manon à l'Opéra-Comique a eu lieu le 16 octobre 1893.

Manon fut donné 78 fois en 1884, 10 fois en 1885, 34 fois en 1891, 58 fois en 1892, 26 fois en 1893, 17 fois en 1894. (Reprise le 17 septembre avec Mme Bréjean-Gravière, MM. Leprestre, Isnardon et Bouvet) et 17 fois en 1895.

Les 200 premières de Manon ont fait un total de un million cent soixante-quatre mille cinq cent trente-quatre francs de recette.

Les chanteuses ayant eu le plus succès dans Manon sont à part Mlle Heilbron, Mme Marie Rose, en Angleterre, Mme Emilie Ambre, en province, et Mme Sybil Sanderson un peu partout (Mlle Sanderson a fait ses premiers débuts à La Haye, dans Manon, qu'elle chantait sous le nom de Miss Palmer.)

« Nulle exagération ne gâte cette musique. Une courtisane la Manon de Massenet ? Non, le mot est trop solennel ; gardons-le pour la Traviata. Une grisette seulement, vive, étourdie, gentille et légère comme une chatte, objet de luxe et de plaisir, d'amour soit, mais à la condition que cet amour ne la prendra pas au sérieux, encore moins au tragique et ne demandera pas plus à ce petit cœur qu'il ne peut donner. Fâchez-vous donc avec les roses, parce qu'elles vous piquent un peu les doigs ! Pas plus qu'une rose, Manon Lescaut n'a de traitrise ou de méchanceté. Elle ne dupe personne et Massenet moins que les autres. Rappelons-nous son entrée au premier acte. La voilà tout éveillée, tout émue, pourquoi ? Aurait-elle été abordée comme Marguerite par un bel inconnu ? Se demande-t-elle doucement troublée : *Je voudrais bien savoir quel était ce jeune homme ?* Non pas, elle a seulement entrevu quelques grisettes dans un cabaret ; des perles brillaient à leur cou, leurs yeux pétillaient de plaisir et voilà Manon ne rêvant plus que de s'amuser toute une vie ! Son imagination est prise avant son cœur, et c'est la curiosité, l'irrésistible envie de s'amuser (elle est tout entière dans ce mot), qui lui fera prendre sans se faire prier, d'abord le bras de Desgrieux et puis le bras de tout le monde.

M. Massenet a finement compris le caractère de Manon. Une seule fois il a accentué cette figure d'aquarelle d'une touche vigoureuse : dans l'acte du séminaire, le plus pathétique de la partition.

Mais dès l'acte suivant, à peine Desgrieux reconquis, comme Manon redevient elle-même. A l'hôtel de Transylvanie, dans ce monde d'aigrefins et de filles, éblouie, étourdie par les reflets et les tintements de l'or, comme elle est à son aise ! Elle ne jettera pas le cri, que dans une autre fête jetait la pauvre Traviata. De sa voix claire et sèche comme une voix d'oiseau, elle chantera sans émotion ni tendresse, au lieu

d'un chant d'amour, une chanson de plaisir : Chanson étince-
lante et folle, brindisi éblouissant, au-dessus duquel vibre
un bruissement suraigu de violons, véritable atmosphère
d'ivresse et de vertige, la seule où puisse respirer la frivole et
vicieuse créature. »

CAMILLE BELLAIGUE.

(L'Année musicale, 1890.)

Il paraît bien avoir voulu donner à chaque acte, une couleur,
une tonalité propre, *une atmosphère* particulière, pour em-
ployer les mots qu'on leur prête ; mais combien il a montré de
timidité dans la mise en scène.

Il est un endroit pourtant, où l'auteur a su écrire une page
charmante et tout à fait irréprochable, à quelque point de vue
qu'on l'examine c'est la rencontre et le dialogue de Manon et
du comte des Grieux à la promenade du Cours la Reine. Ici,
le petit dessin d'orchestre indépendant des voix ; les répliques
des deux personnages, d'une déclamation juste et d'un sentiment vrai ; puis la courte phrase mélodique du père, — un
autre en aurait fait une véritable romance ou mélodie, — enfin
leurs brefs adieux, tout cela sans forme arrêtée d'avance,
cadence attendue, sans répétition de phrase vocale ou de
parole, est d'une touche délicate et forme un tout excellent.
Ce n'est pas long, mais c'est charmant.

Eh bien, j'aurais voulu que Massenet écrivît tout son opéra
de la sorte.

ADOLPHE JULIEN.

(Musiciens d'aujourd'hui, 1897).

« Einen Roman der in den
Orcus der Vergessenheit sank,
mit Orpheusklaengen wieder
aus der Unterwelt heraufzu
beschsvœren, heisst so viel,
als ihn zweimal vergessen
machen.

Évoquer des enfers, avec
les accents d'Orphée, un roman tombé dans l'oubli, ne
signifie pas autre chose que de
le faire oublier deux fois.

Und Massenet vollbrachte dieses nutzlose Kunststück. Aus einem alten Liebesroman, liess er den Text seiner Oper Manon, zurecht zimmern.

. . . .

Die Musik die Massenet zu dieser Handlung, zu diesen Personen componiert hat, ist wie schon angedeut viel weniger der Ausfluss einer zwingenden Eigenart, eines glaenzenden Genius, als vielmehr die geist reiche, elegante, alle die conventionellen, leichtbezwinglichen Hœhen und Tiefen, des musikalischen Ausdruks beherrschende Sprache eines feinen Kopfes.

Alles technische gehorcht dem Componisten ; er mischt wunderbare klangfarben ; das Orchester handhabt er bis auf grelle Laermeffecte in den Posaunen, die in Verbindung mit so harmlosen Vorgaengen, wie dem Erscheinen einer Postkutsche, beinahe komisch wirken, mit ausgezeichneter Vollendung.

Wenn Massenet der Traum seines Helden (II Act « Ichschloss die Augen) mit gedaemften Geigen malt, in deren heimliches Gefluester ein Floetenton tropft, wenn er in einer Gavotte alten stils die Zeit des rococo zum Leben erwacht, deren Taenze weisse

. . . .

Et Massenet accomplit cet inutile tour d'adresse. D'un vieux roman d'amour ; il se fit charpenter le livret de sa « Manon ».

. . . .

La musique qu'adapta Massenet, à cette action, à ces personnages, est, comme il a déjà été remarqué, bien moins le produit d'une manière personnelle s'imposant d'elle-même, que l'élégante et spirituelle expression d'un esprit délicat, dominant toutes les conventions, toutes les difficultés relativement accessibles, de la langue musicale.

Absolument maître de sa technique il sait amalgamer entre elles d'étonnantes sonorités. Il possède à merveille son orchestre et dispose à son gré même des plus creux effets de tapage des cuivres, qui, employés dans des situations aussi insignifiantes que l'arrivée d'une chaise de poste, jettent alors presque une note comique dans l'ensemble.

Lorsque Massenet dépeint le songe de son héros (IIe acte : En fermant les yeux) avec les violons en sourdine, dont les murmures discrets sont entrecoupés de sons harmoniques, lorsque dans une gavotte vieux style, il fait revivre l'époque rococo ; (Nuages

blendende Puderwœlkchen aufwirbeln machten, wenn in die müde, schlaefrige Clarinettenmelodie der Spielscene der Goldglanz eines tiefen Trompetentons hineinleüchtet und in dem klagenden Ton des Englischorn, die Reue Manons, hineinreissend geschildert wird, dann spricht aus Ihm der Tonpoet, der Dichter in Tonfarben. blancs de poudre de riz enveloppant les danseurs) quand à la scène du jeu, la mélodie monotone et lasse de la clarinette, alterne avec l'éclat d'un son de trompette ou d'une note plaintive du cor anglais, dépeignant le repentir de Manon, alors s'exprime le poète-musicien, le coloriste sonore.

FERDINAND PFOHL.

(*Die Moderne Oper.*, Leipzig, 1894.)

. . . . « Il n'en est pas moins vrai que cette partition fut très passionnément discutée, à cause des tendances nouvelles qu'elle affichait sans hésitation et qu'en dépit de certains procédés personnels dans la manière de poser musicalement des personnages, à la scène et de la façon de conserver à l'Opéra-Comique le dialogue nécessaire, sans arrêter le drame symphonique de l'orchestre, il n'est pas moins vrai, disons-nous, que cette partition semble à tous, de celles qui laissent des traces à la fois et dans l'histoire et dans les Annales artistiques d'un peuple. . . . . »

ED. NOEL et EDM. STOULLIG.

(*Les Annales du théâtre et de la musique*, 1884.)

« La reprise de Manon était impatiemment attendue et l'on ne s'explique point comment cet aimable ouvrage put être ôté durant si longtemps, du répertoire de l'Opéra-Comique. C'est de toutes les partitions de Massenet la plus originale et la plus sincère ; elle est en maintes parties, d'une inspiration juvénile, d'une grâce légère, d'un sentiment frais et délicat, d'une couleur archaïque intéressante, d'un pittoresque amusant auquel le type de Lescaut appartient tout entier. . . . . .

HENRY BAUER.

(*L'Echo de Paris*, 14 octobre 1891.)

« Il est assez nature de penser que le musicien auquel nous devons les larges compositions du *Roi de Lahore* et d'*Hérodiade*, a dû assouplir sa manière et son style épris du grandiose, pour entrer de plein pied, dans le genre en faveur à l'Opéra-Comique : mais on peut être assuré qu'en vue de les ajuster à un cadre de moindre dimension, il n'a modifié d'une façon trop sensible ni l'un ni l'autre : c'eut été commettre inutilement pour lui comme pour nous, d'étouffer en lui la vigueur de la conception musicale et de porter atteinte en pure perte aux qualités naturelles et acquises qui constituent son originalité de compositeur. En écrivant la partition de *Manon*, si Massenet a fait un pas vers l'Opéra-Comique (et je le crois, et j'en réponds) de son côté l'Opéra-Comique a fait deux pas vers lui. Le théâtre a ouvert ses portes toutes grandes et offert une large hospitalité à l'artiste ; mais une fois entré dans la maison, celui-ci n'en a cassé les vitres, ni écorné les meubles dont quelques-uns datent encore de la splendeur de la comédie à ariettes. »

Si j'ai bien écouté la partition de Massenet, si j'ai pu définir le frisson que m'a donné la lecture de ses pages passionnées, je puis affirmer que la plume qui a écrit la rencontre dans l'hôtellerie d'Amiens, la scène de la lettre, celle du souper, celle du tête-à-tête, le bel acte de Saint-Sulpice, c'est toujours la même plume qui a couru sur les pages inspirées de *Marie-Madeleine*, d'*Eve*, de *la Vierge*, des intermèdes et du ballet des *Erynnies*.

Que par son cadre, ses dimensions, le caractère plus intime du sentiment musical, Manon Lescaut soit un opéra-comique : à la bonne heure ! il le fallait bien et cela s'est réalisé sans coûter un effort à l'imagination du jeune maître ; mais que pour acheter ce résultat celui-ci ait dû se faire une seconde manière en renonçant à son *moi* artistique, je le nie formellement. — Mais que faut-il entendre par ces mots : « Le style » de Massenet (puisque Massenet est assez heureux pour avoir un style et par là être *quelqu'un* dans son art)? Il est aisé d'en définir l'origine et l'originalité. L'origine arrive en droite ligne de l'Allemagne ; l'originalité est le jet spontané de la nature créatrice du compositeur, fécondée en lui par une science consommée et un art d'écrire incomparable.

— J'ai entendu dire, de l'auteur de la partition de *Manon* : « Oh, c'est un maître symphoniste ; mais sera-t-il jamais un homme de théâtre ? Ce doute n'est ni juste ni justifié, j'en appelle aux belles parties dramatiques du *Roi de Lahore* et d'*Hérodiade*.

Le procédé de la musique de théâtre, chez Massenet, c'est l'alliance étroite des voix de l'orchestre avec celles de la scène ; prétendre les vouloir séparer dans la sensation, à laquelle concourt leur accord parfait, c'est méconnaître dans une volonté préconcue, la pensée du musicien, c'est la couper en deux, en faire comme les tronçons palpitants d'une couleuvre expirante.

Préoccupé de la liaison et de la suite du discours musical, le jeune maître construit la phrase vocale de façon à ce qu'il soit pour le moins aussi nécessaire, de *la bien dire* que de *la bien chanter*, qu'elle s'attache à rendre d'abord et parfois exclusivement, la parole du poète, et le sentiment dramatique de la situation. C'est le contrepied du chant italien d'autrefois, qui faisait du vers du signor Poeta, un canevas caché de la broderie mélodique. C'est parfois en soupirant que j'approuve la méthode Massenet..... ; il ne faut pas toujours faire fi des raisins mûrs et même des raisins verts de l'Italie : Le Mozart des *Noces de Figaro* le savait bien, lui, le doux maître.

Voilà donc un très bel ouvrage et un très grand et durable succès pour le théâtre qui a eu la bonne fortune de conquérir, sur son voisin l'Opéra, dans cette soirée de Manon, qui vient de le grandir encore, le jeune maître auquel on doit les fières partitions du *Roi de Lahore* et d'*Hérodiade*.

B. JOUVIN.
(*Le Figaro*, 20 janvier 1884.)

« Savez-vous ce qui vous déroute un peu dans « Manon » ?
C'est cet orchestre qui murmure de si jolies phrases, dans la
demi-teinte, voilé, presque insaisissable, en accompagnant le
dialogue, ce dialogue dont vous vous imaginez ne pas
saisir l'esprit parce que vous ne l'entendez pas à découvert.
C'est là une invention de M. Massenet, un procédé de mélodrame appliqué à l'Opéra-Comique et je trouve cette invention
heureuse et supérieurement exprimée. Vous n'avez plus le
dialogue, dans son simple habillement prosaïque, mais vous
n'avez pas non plus le récitatif, qui donnait à des œuvres de
demi-caractère, et parfois sans caractère, des allures de grand
opéra.

ERNEST REYER.

(Le Journal des Débats, 26 janvier 1884.)

. . . . Je vous affirme qu'il n'y a pas dans l'évolution
actuelle de la musique et du théâtre, de question de l'Opéra-
Comique : il y a une question du drame lyrique, une question
de la comédie lyrique et peut-être une question de l'opérette
mais rien de plus. Vous choisissez une donnée sombre et
joyeuse mais vraisemblable et faisant agir des personnages
humains ; votre musique devra s'appliquer rigoureusement
aux situations et aux paroles tout en restant de la musique.

L'art musical traité avec logique, suggère quantité d'ex-
pressions et des sensations de nature. Or la coupe de l'Opéra-
Comique, ses morceaux intercalés au milieu des scènes, son
unité constamment rompue, infligent au musicien un dédain
perpétuel de la logique. Il n'écrit plus une pièce, il écrit des
airs de romances, des ensembles de chœurs. Cela est à
reléguer parmi les choses mortes et qu'il ne faut pas regretter.

. . . . Cet ouvrage un peu confus, sans unité, n'est ni
opéra-comique, ni drame lyrique, ni comédie et tient de tout
cela. J'y reconnais partout la marque d'un artiste éminent ;
mais les concessions y sont pas trop nombreuses et j'ai le
chagrin de voir là, bien du mérite perdu.

C'est mon devoir d'ajouter avec une entière franchise, que

tout le monde n'est point de mon avis et que les applaudissements ont été au second, au quatrième et au cinquième
acte, poussés jusqu'à l'enthousiasme. Manon Lescaut paraît
devoir être un immense succès, je le constate sans réti-
cences.

FOURCAUD.

(*Le Gaulois*, 20 janvier 1884).

On pouvait s'attendre d'avance au succès de la reprise de
Manon. C'est une des œuvres *raisonnables* de M. Massenet ;
aujourd'hui il faut bien ajouter cette épithète. C'est aussi celle
qui a le mieux réussi à l'Opéra-Comique. Je ne la place pas
au-dessus d'*Esclarmonde*, qui est bien une œuvre comique,
ou plutôt de demi-caractère, et il n'y a pas de morts ; mais il
faut croire que, l'absence de dialogue aidant, cet ouvrage
semble au public un grand opéra-féerie. Dans *Manon*, le dialogue est dit avec un accompagnement orchestral, mais enfin
c'est du dialogue parlé ; *Faust* comptait comme opéra-comique
quand on y parlait ; il est grand opéra depuis qu'on n'y fait
que chanter. Cette distinction quelque peu ancienne n'a pas
encore disparu. C'est ainsi qu'en Allemagne on appelait autrefois opérette un opéra avec dialogue, comme le *Freischütz*.
On trouvera cette expression dans l'*Esthétique* de Hegel,
qui est traduite en français.

Manon a cinq actes, l'effroi de bien des gens aimant à se
contenter du chiffre traditionnel de trois actes. Cependant j'ai
calculé, lors de la première représentation, qu'il n'y a en tout
que pour deux heures et quarante minutes de musique. Le
quatrième acte et le cinquième ne durent ensemble que quarante minutes, c'est-à-dire autant que le premier acte, qui est
le plus long. C'est donc la faute des entr'actes quand la représentation dure près de quatre heures et demie, comme
c'était le cas lundi dernier.

Le sujet, on le sait, n'est pas emprunté à la *Morale en action* ; il a même fallu motiver l'arrestation de Manon par une
accusation purement imaginaire ; on lui épargne le voyage
d'Amérique ; elle n'arrive même pas au Hâvre. Il est connu

qu'au théâtre il y a des finesses qui sont non avenues et, par contre, des duretés ou des effets scabreux qui s'atténuent. C'est ainsi que dans la *Valkyrie* il y a un adultère doublé d'un inceste, Siegmund et Sieglinde ayant la même mère et pour père Wotan. Les Allemands avaient constaté eux-mêmes, à la première représentation de la Tétralogie, qu'au théâtre on ne voyait guère qu'une femme enchaînée de force à un brutal et s'enfuyant avec l'homme qui mérite son amour. Manon, en somme, c'est Phryné ou Thaïs non repentante. Des Grieux est ce qu'Athanaël voudrait bien être, mais il s'y prend trop tard.

Dans son Histoire de la seconde salle Favart, c'est-à-dire de l'Opéra-Comique, depuis 1840 jusqu'en 1887, M. Soubies montre qu'en 1884 *Werther* devait prendre le pas sur *Manon*. Dès 1880, la partition de *Werther* était assez avancée pour que les journaux en annonçassent la réception à l'Opéra-Cómique ; les deux rôles principaux devaient être remplis par Capoul et Mme Bilbaut-Vauchelet. *Manon* l'emporta gârce à la pièce, probablement, qui a plus de mouvement, de variété et d'intérêt que l'histoire lugubre du suicide de Werther.

Les interprètes principaux furent Mme Heilbronn, Capoul et Taskin. Ce fut une carrière assez singulière que celle de la créatrice du rôle de Manon. Nous l'avons vue d'abord à l'Opéra-Comique remplir sans éclat de petits rôles d'utilité. Au bout de quelques années elle revint à Paris, créer au théâtre des Variétés le rôle principal, rôle travesti, comme on sait, dans les *Brigands* d'Offenbach. Puis elle fit un court séjour au Théâtre-Italien, d'où elle passa à l'Opéra. Elle se montrait si exigeante que Vaucorbeil en profita pour se brouiller avec elle. Enfin elle créa d'une manière très remarquable le rôle de *Manon*. Ses deux grands succès à Paris furent donc les *Brigands* (non pas ceux de Verdi) et *Manon* (non pas celle d'Auber).

Représentée pour la première fois le 17 janvier 1884, la nouvelle *Manon* fut jouée, dans l'espace de deux ans, quatre-vingt-huit fois Après le départ de Mme Heilbronn, on songea un instant à Mlle Jeanne Granier pour lui succéder. Cinq ans cependant se passèrent sans qu'on trouvât l'étoile cherchée ;

enfin, en 1891, *Manon* reprit sa course et elle a dépassé aujourd'hui deux cents représentations.

Vers la fin de l'année 1884, quand Mme Marie Roze chanta *Manon* à Londres, elle demanda, pour le dernier acte, le retour du thème principal de des Grieux ; il en résulta une version nouvelle qui, dit-on, fut maintenue. La partition et les parties d'orchestre avaient été gravées avant la première représentation. Il en est d'ailleurs ainsi le plus souvent aujourd'hui pour les partitions piano et chant.

En ce temps-là, le reportage était déjà très florissant et jamais peut-être il n'a été plus actif que pour *Manon*. C'étaient tous les jours des contes nouveaux: un amateur avait loué tout exprès un appartement à côté de Mme Heilbronn pour entendre plus tôt la musique de M. Massenet ; un autre, au contraire, avait quitté l'hôtel parce que les cris de Manon l'incommodaient, etc. On publia même des comptes rendus anticipés, grâce aux dons d'ubiquité et de seconde vue que possèdent les reporters. En voici un exemple mémorable : « M. Massenet inaugure un nouveau genre qu'il a déjà essayé dans *Hérodiade*, mais que dans *Manon* il applique d'un bout à l'autre. Il n'y a pas d'air de duo, de quatuor dans son ouvrage, il y a des scènes, ou mieux : des sensations ; sensations est est bien le mot propre. La peinture a les impressionnistes, la musique a désormais les sensationnistes, et M. Massenet est le Manet musical. Chaque acte de l'ouvrage est bâti sur une idée et repose sur une phrase typique. Cette phrase est développée, change de rythme, de forme, d'allure, mais elle domine malgré tout. On nous avertissait cependant que M. Massenet n'était pas wagnérien. Je ne saurais dire aujourd'hui où j'avais pris cette précieuse démonstration que M. Massenet est plus wagnérien que Wagner et que, par conséquent il n'est pas wagnérien. Et il y a dix ans qu'on écrivait de telles bouffonneries.

C'est assez la mode aujourd'hui de ne plus diviser une partition en morceaux mais en « scènes ». Verdi a même divisé *Falstaff* simplement en trois actes, dont chacun a l'apparence de la fameuse mélodie « infinie » dont les antiwagnériens se sont tant diverti.

Tout le monde sait aujourd'hui qu'il y a des morceaux dans

Manon qui peuvent se détacher, si l'on veut, quoique leur véritable importance tienne à la scène pour laquelle ils ont été faits, et pas un auditeur, ni même un reporter, ne songerait aujourd'hui à trouver la moindre trace de wagnérisme dans *Manon*, à moins d'être assez arriéré pour croire que Wagner a inventé les *Leitmotive*.

M. Massenet en a employé en effet; il y a cinq motifs typiques par excellence. Des Grieux en a deux; l'un concerne ses sentiments d'honnêteté et de famille, l'autre exprime sa passion pour Manon. Brétigny en a un aussi pour rendre ses sentiments envers le même personnage. Lescaut a deux motifs, l'un se rapporte à ses allures de garde du corps, l'autre arrive chaque fois qu'il doit faire le mentor dans les deux premiers actes. J'ai donné une analyse exacte de l'emploi de ces motifs. En général, il est ridicule de vouloir peindre un personnage ou même un sentiment par un petit motif de ce genre. Ces motifs ne doivent servir que pour donner à l'accompagnement instrumental une couleur ou un caractère répondant à une scène ou à l'expression de ce que dit et chante un personnage; c'est celui-ci qui doit être l'interprète fidèle et complet de ce qu'il veut apprendre à l'auditoire. Le public est de mon avis. Ce ne seront jamais les développements symphoniques qui l'attireront au théâtre où il va pour entendre chanter. Aussi le succès de *Manon* est-il la meilleure justification de l'ouvrage contre l'hostilité dont M. Massenet a eu à souffrir, comme Bizet, Lalo et d'autres.

J. WEBER.

(*Le Temps*, 24 Septembre 1894).

La partie symphonique ne l'emporte pas sur la mélodie; c'est ce qu'il y a de curieux dans la manière de Massenet et la rend beaucoup moins moderne, dans le sens artistique du mot, qu'on le pourrait croire.

Manon c'est plus moderne en la forme que *Carmen* par exemple, et ça l'est moins au fond. Je ne peux mieux faire que de comparer Massenet à un Monsieur qui ferait deux pas en avant et un en arrière. J'aime mieux *Esclarmonde* que *Manon*, mais cette dernière est peut-être plus complète, c'est assurément l'œuvre la plus personnelle de Massenet.

Marcel Gachon.

(*Le Moniteur Judiciaire de Montpellier*, janvier 1890.)

« Aux yeux de beaucoup de bons juges, *Manon* passe pour le chef-d'œuvre de Massenet. J'ai longtemps cherché les motifs de cette préférence que je ne partage pas. Je me les explique cependant, le sujet nullement héroïque convenait à la nature du talent de l'artiste qui s'essouffle et s'enfle en vain devant les données tragiques. C'est essentiellement une histoire d'amour et d'amour des sens ; appliqués à un pareil sujet, les défauts de sa manière efféminée, langoureuse et sensuelle paraissent moins choquants. Il y a trouvé en outre l'occasion de peindre musicalement en agréables pastiches, un XVIIIe siècle, gracieux, galant et conventionnel, pareil à celui qu'expriment en peinture les aquarelles de Maurice Leloir. »

Georges Servières.

(*La Musique française moderne*, 1897).

LE CID

Opéra en 4 actes et 10 tableaux

D'après Guilhem de Castro et Pierre Corneille

Livret de MM. d'Ennery, Louis Gallet et Edouard Blanc

Première représentation, Académie Nationale de Musique,
30 novembre 1885

Rodrigue,	MM. J. de Reszké.	Chimène,	Mme Fidès-Devriès.
Don Diègue,	E. de Reszké.	L'Infante,	Mlle Bosman.
Don Gormas,	Plançon.	*Divertissement de L. Mérante*	
Le Roi,	Melchissédec	Mlles Mauri, Hirsch, Keller.	
L'Ombre de saint Jacques,	Lambert.	Costumes dessinés par le comte Lepic.	

Mme Rose Caron prit possession du rôle de Chimène le 5 février 1886; Mme Adiny le chanta par intérim; MM. Duc et Saléza furent successivement titulaires du rôle de Rodrigue.

Le *Cid* a été joué à l'Opéra :

Neuf fois en 1885, quarante-cinq en 1886, treize en 1887, huit en 1888, trois en 1889, trois en 1890, cinq en 1891, six en 1893.

LYON
19 octobre 1895

Chimène,	Mlles Martini.	
L'Infante,	Jansen.	
Rodrigue,	MM. Villa.	
Le Roi,	Beyle.	
Don Gormas,	Lequien.	
Don Diègue,	Vérin.	

NANTES
8 janvier 1887
1re représentation en province

Mlles Violetti.	
Fanély-Pelosse.	
MM. Devilliers.	
Guillemot.	
Gardoni.	
Poitevin.	

MONTPELLIER
17 avril 1890

Chimène,	Mlles Duzil.
L'Infante,	Priollaud.
Rodrigue,	MM. Berger.
Le Roi,	Albert.
Don Gormas,	Darnaud.
Don Diègue,	Joussaume.

HAMBOURG
1er janvier 1888

Mme Klafsky.	
Mlle Roediger.	
MM. Stritt.	
Krauss.	
Ehrke.	
Wiegand.	

« Les librettistes de l'opéra représenté ce soir, ont habilement empruntés à Guillem de Castro et à Corneille ; à Guillem
la scène du serment qu'ils ont transformée, et celle de la
vision qui est une des meilleures de leur œuvre ; à Corneille
la plupart des situations de sa tragédie et le plus grand nombre
de ses vers célèbres. Doit-on les en blamer ?...

Ils ont de plus à leur actif une trouvaille qui est celle d'un
véritable homme de théâtre ; la façon si simple et si dramatique dont Chimène reconnaît en Rodrigue le meurtrier de son
père, et qui forme la belle scène du troisième tableau.

Voyons maintenant comment l'auteur du *Roi de Lahore* et
d'*Hérodiade* a traité le grand sujet qu'il s'était donné la tâche
de mettre en musique, et disons tout de suite que sans renoncer complètement aux procédés nouveaux, il a écrit avec
une adresse supérieure, dissimulant la science de façon à la
mettre à la portée de tous, une partition qui sans doute n'aura
pas le suffrage des wagnériens, mais qui toujours claire, souvent inspirée et admirablement scénique, intéressera vivement
le public et provoquera plus d'une fois son enthousiasme.

E. NOEL et E. STOULLIG.

(*Les Annales du Théâtre et de la Musique*, 1885).

« Ces vers qui sonnent si fièrement à la Comédie-Française,
et que tout le monde a dans l'oreille perdent de leur force et
de leur élan, quand on les assujétit à de la musique, si préci-
pitée que soit la parole ; et l'accompagnement d'orchestre dont
on les soutient prend aussitôt une certaine allure comique
assez mal en situation .

Cela prête à rire au lieu d'émouvoir. Bref, l'amalgame est on
ne peut plus malheureux, mis à part le talent de tel auteur ou
de tel autre, et tendrait seulement à prouver la flagrante infé-
riorité de la déclamation pure en tant qu'ayant précis d'expression. La musique est une chose et la poésie en est une
autre ; on les accouple de force, on détruit celle-ci, sans aucun
profit pour celle-là.

ADOLPHE JULLIEN.

(*Musiciens d'aujourd'hui*, 1892.)

Corneille et Massenet ! On ne s'attendait guère à la rencontre de ce génie et de ce talent, de ce charme et de cette puissance. Sous le poids d'une telle collaboration, le musicien qui pouvait rompre a plié seulement et l'on sait avec quelle grâce. Le *Cid* de Massenet est beaucoup moins héroïque que celui de Corneille, mais il n'est pas moins amoureux.

> Ton bras est convaincu, mais non pas invincible.

. . . .

> Paraissez, Navarrais, Maures, Castillans.

De tels vers et bien d'autres sont encore à mettre en musique. Mais ceux-ci par exemple :

> Mon âme aurait trouvé dans le bien de te voir
> L'unique allègement qu'elle eut pu recevoir.

ne reviendront plus jamais à notre souvenir que notés par M. Massenet ; désormais ils chanteront vraiment dans notre mémoire. Et cet hémistiche, si profondément triste en quatre mots : « Pleurez, pleurez mes yeux ! » pouvait-il inspirer une plus touchante paraphrase que les stances déjà classiques et dignes de l'être par la beauté de l'idée mélodique, par la noblesse de la forme et la pureté du style, par l'harmonie des proportions ? Ainsi gémissait jadis Marie de Magdala devant le sépulcre de Jésus. C'était le même deuil et la même faiblesse de femme. Dans le délicieux duo qui suit, dans ces phrases languissamment balancées, dans ce murmure de deux âmes souffrantes, quel charme de mélancolie et de regret ! Voilà de ces pages enchanteresses qui feraient tout pardonner à M. Massenet. Qu'importe dirait-on, attendri et vaguement troublé, qu'importe qu'il manque de force s'il a d'aussi délicieuses faiblesses !

CAMILLE BELLAIGUE.
(*L'Année musicale*, 1890.)

Je discerne une évolution sensible chez Massenet, tout en y retrouvant des parti-pris assez embarrassants pour la critique. *Hérodiade* par exemple était encore numérotée par scènes munies de quelques indications succinctes. Pour le *Cid* on ne trouve plus d'autres points de repère que la nomenclature des actes et des tableaux. Je sais bien que le compositeur n'est pas tenu de se gêner pour la commodité du lecteur et qu'il a voulu en présentant ainsi sa partition dans une compacité formidable, nous prévenir qu'il la considérait comme un tout indivisible, comme un bloc dont on ne pouvait rien détacher pour un examen partiel.

Vue d'ensemble la partition du *Cid* se détache sur les horizons de l'école contemporaine, comme une cîme imposante et colorée de feux — ceux de l'aurore ou du couchant ? — Je n'en décide pas.

On estimait à bon droit M. Massenet, d'abord comme un maître en l'art d'écrire, puis comme un élégiaque et surtout un coloriste descriptif. Il a révélé ce soir un tempérament dramatique, qui jusqu'à ce jour avait sommeillé sous l'engourdissement voluptueux des caresses symphoniques. Le *Cid* ne renferme pas une peinture orchestrale, qui se puisse comparer au Paradis d'Indra du *Roi de Lahore*, mais en revanche le lamento de Chimène, le duo d'amour, l'air de Rodrigue, aussi purs de forme qu'une pensée de Glück ou de Mozart sont d'admirables pages, qui assurent à la fois l'illustration d'une œuvre, d'un nom et d'une école.

AUGUSTE VITU.

(*Le Figaro*, 1er décembre 1885.)

M. Massenet a écrit une véritable ouverture pour le *Cid*. Le public n'a pas trop paru la goûter, ni la comprendre parce qu'il l'écoutait peu ; il se réservait pour les chanteurs. Cette ouverture sera mieux comprise dans les concerts populaires où je m'attends à l'entendre au premier jour.

. . . .

Le *Cid* de Massenet est incontestablement une œuvre remarquable et qui fera son tour d'Europe ; c'est une nouvelle et importante affirmation de la jeune école, mais cette école n'est qu'une école de transition. Il ne s'agit nullement ici de Wagner, mais seulement d'en revenir franchement, sans mesquinerie ni biais, ni inconséquence, ni subterfuge, aux principes de Glück et de son école.

J. WEBER

(*Le Temps*, 8 décembre 1883.)

Laissez-moi vous dire avant tout que dans sa nouvelle œuvre, Massenet a bien donné tout ce qu'on attendait de lui. Il y a mis toutes les délicatesses, toutes les fines ciselures de son style, l'ingéniosité, le piquant coloris de son instrumentation, la grâce un peu maniérée quelquefois, mais toujours pleine de charme de ses idées mélodiques et toute la véhémence de l'accent, toute la noblesse d'expression que certaines situations exigeaient. Que pouvait-il y mettre de plus ? Comme il avait sans doute entendu parler de certaines ouvertures, qui sont trop longues, il en a fait une à laquelle ce reproche, en bonne justice, ne saurait être adressé. Exécutée dans un concert, peut-être trouverait-on qu'elle manque de développement ; mais pour le théâtre, c'est juste ce qu'il faut et c'est surtout dans les choses de théâtre, qu'un musicien doit montrer (je ne veux pas ici faire de calembour) qu'il a le sentiment de la mesure. Mettons des proportions, si vous l'aimez mieux. L'oubli des proportions au théâtre est quelquefois plus grave et peut avoir des suites plus funestes que l'oubli des convenances dans un salon. Donc l'ouverture du *Cid* est plutôt courte que longue, mais elle est habilement traitée et donne un avant-goût de certaines phrases mélodiques, de certains traits caractéristiques, qui se retrouveront dans le courant de l'ouvrage.

.   .   .   .

Allez charmer vos oreilles aux mélodies inspirées du jeune maître dont l'auréole de gloire, à chaque œuvre nouvelle, scintille d'un éclat nouveau. Allez et applaudissez. J'ai dit.

E. REYER

(*Le Journal des Débats*, 6 décembre 1885.)

Il n'est pas besoin de faire ici le portrait de M. Massenet. Musicien non seulement connu mais célèbre, son nom seul est pour l'ouvrage une garantie de succès. Les acclamations viennent à lui naturellement et on l'a bien vu hier soir. Je constate qu'il y a eu des ovations et des ovations encore. Et pourtant malgré la sympathie bien affirmée du public, il faut que je dise ma pensée de la partition, comme du poème. Loin de moi de mettre en cause la valeur musicale de l'auteur des *Erinnyes*, de *Marie-Magdeleine* et du *Roi de Lahore*, mais je dois certainement la vérité à l'auteur du *Cid*.

L'ouverture m'a paru longue, et je n'en ai pas saisi le plan d'ensemble.

. . . .

Des cantilènes, des cadences plus que parfaites, des carillons, des fanfares, des formidables éclats de cuivre, un appareil instrumental exorbitant.

On sort ébloui de la richesse des décors et des costumes, assourdi de la violence des sonorités. Tout l'opéra qu'on vient d'entendre a passé devant vous, comme une tumultueuse charge de cavalerie qui s'éloigne furieusement, dans un tourbillon de poussière. Si c'est là ce qu'ont cherché les auteurs, il faut convenir qu'ils ont atteint leur but.

Les phrases heureuses, les accouplements de timbres ingénieux ne sont pas rares, cela va de soi, seulement nous sommes en présence d'un opéra désarticulé, qui aspire plutôt à revenir à l'ancienne forme qu'à évoluer vers la forme nouvelle. Les récits de pure déclamation, se substituent partout aux récits mélodiques, la mélodie s'italianise à nouveau et l'orchestre rejette ou à peu près ses velléités de symphonie expressive pour redevenir un accompagnement plus ou moins coloré. A quoi tend M. Massenet ? Ne voit-il pas qu'il se heurte, à la fois, aux inconvénients de l'opéra et du drame lyrique sans avoir le bénéfice de l'une ou de l'autre forme ? Nous le prisons trop haut en vérité, pour le laisser devenir imprudemment le jeune chef de la vieille école.

FOURCAUD

(*Le Gaulois*, 1ᵉʳ décembre 1885.)

ESCLARMONDE

Opéra romanesque
en quatre actes et huit tableaux

Paroles de MM. Alfred Blau
et Louis de Gramont

Première à l'Opéra-Comique, le 14 mai 1889

Roland,	MM. Gibert.		Un héros,	M. Cornubert.
Phorcas,	Taskin.		Esclarmonde,	Mlles Sybil Sanderson.
L'Evêque,	Bouvet.		Parséis,	Nardi.
Enéas,	Herbert.			Direction Paravey.
Cléomer,	Boudouresque, fils.			

<table>
<tr><td colspan="2" align="center">ANGERS
9 novembre 1893</td><td align="center">BRUXELLES</td><td align="center">LYON
22 février 1890</td></tr>
<tr><td>Roland,</td><td>MM. Julian.</td><td>MM. Ibos.</td><td>MM. Muratet,</td></tr>
<tr><td>Phorcas,</td><td>Boudouresque, fils</td><td>Chollet.</td><td>Noté.</td></tr>
<tr><td>L'Evêque,</td><td>Giraud.</td><td>Bouvet.</td><td>Berlhomme,</td></tr>
<tr><td>Enéas,</td><td>Vaillant.</td><td>Isouard.</td><td>Richard,</td></tr>
<tr><td>Cléomer,</td><td>Dupuis.</td><td></td><td></td></tr>
<tr><td>Esclarmonde,</td><td>Mmes Félicie Levasseur.</td><td>Mmes De Nuovina.</td><td>Mlles Vuillaume.</td></tr>
<tr><td>Parséis,</td><td>Bouland.</td><td>Wolff.</td><td>Villa.</td></tr>
</table>

MONTPELLIER
16 avril 1895

Roland,	MM. Dastrez.		Cléomer,	M. Nougarolis.
Phorcas,	Boudouresque, fils.		Esclarmonde,	Mlles Pauline Doux.
L'Evêque,	Godefroy.		Parséis,	Privat.
Enéas,	Mallet.			

Esclarmonde eut, en 1889, quatre-vingt onze représentations, et dix
en 1890. La vingt-cinquième d'*Esclarmonde* fut donnée en l'honneur de la
délégation hongroise venue à l'Exposition, et la salle louée par le Conseil
municipal.

La centième eut lieu le jeudi 6 février 1890.

M. Massenet vient de remporter avec la partition d'*Esclarmonde* une grande victoire artistique, et en même temps il a
fait faire un grand pas à l'art musical français.

Abordant franchement un poème symbolique, appartenant
à la légende, il nous a donné un véritable drame-lyrique. Ce
sont les théories de Wagner mises en œuvre avec un art et

une science consommés par un artiste français qui possède au plus haut point la virtuosité de la composition.

Nous avons souvent entendu accuser M. Massenet d'être rétrograde, parce qu'il est mélodique. Sa partition d'*Esclarmonde* est une réponse victorieuse à ces accusations et une preuve nouvelle que la mélodie n'est pas, en matière d'art dramatique, incompatible avec les théories modernes.

Nous comprenons que M. Massenet, compositeur d'imagination par excellence, ait été saisi par ce poème à la fois légendaire et fantastique ; il est à l'aise dans ces conceptions féeriques et il ne fallait rien moins que les couleurs de sa palette magique pour rendre les splendeurs de cette légende qui nous conduit de Byzance à la forêt des Ardennes, en passant par les merveilles d'une île enchantée.

Ce qui est particulièrement à remarquer dans cette nouvelle œuvre, c'est que M. Massenet, tout en conservant sa note personnelle, y a introduit des accents d'une vigueur peu commune. A côté de délicates impressions musicales, qui sont comme la caractéristique de son talent, il y a des phrases d'un contour énergique et singulièrement puissant. Nous n'hésitons pas à placer la partition d'*Esclarmonde* au premier rang des œuvres les plus intéressantes de l'école moderne.

G. DE BOISJOLIN.

(*Le Monde Artiste*, 26 mai 1889).

L'apparition d'un ouvrage nouveau de M. Massenet est en tout temps un événement artistique d'un ordre élevé, mais, dans les circonstances particulières où se présente *Esclarmonde,* quelques jours après l'ouverture de l'Exposition, au moment où des quatre coins du monde un public cosmopolite accourt à notre rendez-vous, l'événement prend les proportions d'une véritable solennité. Le jeune maître — car Massenet est un maître et sera toujours jeune — a conquis une célébrité qui depuis longtemps a franchi la frontière, et son nom, colporté de bouche en bouche, est aussi connu et aussi aimé que ceux des maîtres modernes qui furent les siens. Il est peu d'auteurs qui aient autant que lui tenté l'indiscrétion des reporters ; aussi la vie de M. Massenet est-elle étalée au grand jour autant qu'il est possible. Tout le monde connaît le tempérament étrangement ardent du compositeur ; nul n'ignore que dans ce corps élégant, souple, aux fines et aristocratiques attaches, loge une âme toujours inquiète, toujours chercheuse d'au-delà, jamais satisfaite, et dont l'état normal artistique semble être l'inassouvissement, non pas l'inassouvissement de l'impuissance. — l'œuvre est là pour prouver le contraire — mais l'inassouvissement dont Boileau félicitait Molière, celui de l'homme de talent

Qui plaît à tout le monde et ne saurait se plaire !

Soutenu par une foi robuste, Massenet, même s'il se trompait, le ferait, avec une absolue conviction. Ne lui demandez rien de médiocre, de terre à terre. C'est aux sommets qu'il aspire, tant pis si le pied lui manquait un jour ; la chute elle-même, n'en doutez pas, serait glorieuse. Car, sous une apparence douce et simple, Massenet est bien un « glorieux ». Oui, c'est l'épithète qui convient à cet amant passionné des légendes héroïques, à ce prestigieux décorateur, qui drape une partition dans les flamboyantes sonorités orchestrales, heureux de s'agiter au milieu de claires sonneries des cuivres, et qui, même dans les passages d'exquises tendresses, où le côté féminin de sa nature se complaît et s'affirme, conserve sa haute et fière allure de paladin amoureux.

On comprend qu'une telle nature prête à la discussion ; aussi Massenet a-t-il des admirateurs enthousiastes et des adversaires passionnés. Il se meut sans cesse dans une atmosphère de lutte. Le repos lui est inconnu, et quiconque entre dans son orbite se sent malgré soi entraîné dans cette éternelle giration qui est sa vie. Le feu qui le brûle, il le communique à tous ceux qui l'entourent, amis, ennemis, interprètes. Entre-t-il dans un théâtre, tout s'y met en ébulliton ; s'assied-il au pupitre, l'orchestre piaffe sous son bâton ; donne-t-il une audition, l'artiste se découvre une ardeur inconnue, et l'instrument lui-même, fut-il une malheureuse épinette, vibre et chante sous ses doigts.

Aussi, de tous les nombreux poèmes qu'il a déjà illustrés, aucun peut-être ne convenait mieux à ce magicien que les aventures de la magicienne byzantine. Il fallait à son talent ce mélange romanesque de féerique et de réel. Il lui plaisait de passer sans transition de Byzance au siège de Blois, et, voyant courre un cerf blanc, de s'embarquer sur un navire enchanté chargé de le conduire en une île magique, dans les bras d'une fée adorable, pendant que les arbres fleuris, complices subtils des divines caresses, « abaissent leurs rameaux et les déroulent, pour la nuit nuptiale, autour des amants extasiés ».

Cette légende, où l'anachronisme s'épanouit avec grâce et prête une saveur piquante au poème, a-t-elle été extraite par les auteurs du *Romancero* français où l'on a si peu puisé ? D'autres, plus érudits, le diront ; il me suffit qu'elle me charme, et je remercie MM. Louis de Gramont et Alfred Blau de s'être mis en frais d'imagination, et, rareté précieuse, de style.

Depuis huit jours, le livret d'*Esclarmonde*, court la Ville ; les journaux ont raconté par le menu l'abdication de l'empereur Phorcas, sa retraite dans la forêt des Ardennes, l'élévation au trône de la belle Esclarmonde, sa fille ; les amours mystérieuses de cette impératrice vierge et voilée, qui, du fond de l'iconostase où, parée comme une châsse, elle se dérobe aux yeux des humains, soupire à la pensée que Roland, le preux chevalier, comte de Blois, ne partage pas son amour qu'il ignore ; l'usage que la souveraine fait, au profit de sa passion, du pouvoir magique qu'elle exerce sur les esprits peuplant l'air et les ondes. On sait encore qu'Esclarmonde, comme Eros devant Psyché, Lohengrin devant Elsa, perdrait tout son pouvoir si elle venait à être dévoilée et si le secret de ses amours était trahi ; on sait comment Roland manque à sa parole et perd ainsi le bonheur entrevu ; enfin comment, cherchant la mort dans un tournoi, il remporte le prix destiné au vainqueur, et ce prix n'est autre qu'Esclarmonde reconquise.

On sait tout cela, mais ce qu'il importe qu'on sache également, c'est la forme exquise dans laquelle ce délicieux roman est conté par le fin et délicat lettré qui s'appelle M. Louis de Gramont, assisté de cet homme habile aux choses de théâtre qui s'appelle M. Alfred Blau.

Mais arrivons à présent à la caractéristique de l'œuvre.

On devine, plutôt qu'on ne sent, dans la partition d'*Esclarmonde*, un singulier souci de nouveauté. Massenet a voulu sortir des sentiers battus, et il a réussi à déployer devant nos yeux éblouis un horizon immense et merveilleux. Inspiré par un sujet séduisant, il s'est laissé entraîner sur les ailes de l'hippogriffe, et il semble que l'espace se soit agrandi devant lui. *Esclarmonde* est l'œuvre d'un maître des arts orchestraux, pour lequel aucune difficulté d'instrumentation ne saurait exister, et qui franchit en riant des obstacles, mettant même parfois une sorte de coquetterie particulière à les accumuler devant lui pour augmenter la gloire qu'il aura à les surmonter. Peut-être un public moins dillettante que celui des premières représentations sera-t-il tout d'abord surpris par l'enchaînement des savantes harmonies ; mais cette inquiétude ne saurait troubler notre auteur qui a écrit *Esclarmonde* pour satisfaire avant tout sa conscience d'artiste et qui, hardiment, vient d'émanciper l'opéra français. Le critique n'est pas embarrassé pour prédire le sort qui attend cette musique, tour à tour noble et sévère dans le magnifique récitatif de Phorcas, au prologue ; pleine de tendresse, dans le duo des deux sœurs, au premier acte ; heurtée, sauvage, enfièvrée, dans l'admirable chasse qui suit ce duo ; impérieuse et farouche, dans l'évocation des Esprits de l'air ; délicieusement sensuelle, dans l'île enchantée et dans la symphonie qui accompagne les premiers baisers d'Esclarmonde ; pieuse et vaillante, dans le chant de l'Épée de saint Georges ; dramatique, large et puissante, lorsque Roland, pressé par l'évêque, trahit le serment qui le lie ; émue et poignante, dans la douleur d'Esclarmonde pleurant sur sa puissance envolée, moins encore que sur son bonheur détruit, et exhalant sa peine en un si tendre reproche :

« Regarde-les ces yeux plus purs que les étoiles ! »

MAURICE LEFÈVRE.

(*Le Monde Artiste*, 19 mai 1889).

« L'œuvre de Massenet nous paraît manquer d'unité, de simplicité et d'élévation. Elle trahit trop la recherche instinctive ou préméditée de l'effet. Dans la partition comme dans le poème, trop de fleurs, de pierreries, trop de fantasmagorie et de trucs, une crainte presque constante du naturel et de la spontanéité.

. . . .

Ce n'est pas tout : l'idéal de M. Massenet, sa conception et son expression de l'amour ne se sont point épurés dans cette œuvre, plus sensuelle que toutes les précédentes. C'est là une question de tendances esthétiques, sur laquelle nous reviendrons tout à l'heure.

Enfin la personnalité s'est trop effacée derrière une autre, celle de Wagner. M. Massenet ne pouvait trouver un modèle ou un allié plus redoutable. Comme tous les grands hommes, peut-être plus inimitable et plus inaccessible qu'eux tous, Wagner n'aide personne : il écrase ceux qui lui demandent du secours, il brise la main qu'on met dans la sienne.

L'auteur de *Marie-Madeleine* n'avait pas encore été hanté à ce point par le souvenir du maître de Bayreuth. On pourrait définir *Esclarmonde*, à la fois un petit *Tristan* et un petit *Parsifal* français ; l'imitation ou l'aspiration inconsciente mais réelle se manifeste par des signes multiples.

. . . .

Nous sommes témoins par les oreilles, ne pouvant l'être par les yeux.

Jamais, je crois, on n'avait encore fait une description sonore aussi fidèle, aussi détaillée de la manifestation physique des tendresses humaines. (Vous voyez que je tâche de m'exprimer convenablement.) Tout est noté et gradué ; les violons commencent doucement ; puis les altos arrivent à la rescousse, puis le quatuor, les sonorités s'enflent, le mouvement se précipite et le tout aboutit à un éclat général et terriblement significatif. Allez écouter cette symphonie, éminemment suggestive et comme le dit le pigeon de Lafontaine, un oiseau à citer, en pareille occasion « vous y croirez être vous-même. » L'orchestre, dans les sons, brave l'honnêteté ; l'instrumentation de M. Massenet était déjà luxuriante, la voilà luxurieuse et la fleur de sensualité, que le jeune maître avait toujours cultivée, a fini par s'épanouir comme la fleur de l'aloès avec un fracas de tonnerre. Camille Bellaigue.

(L'Année musicale, 1890.)

On raconte que M. Massenet après s'être mesuré avec la mythologie indienne dans le *Roi de Lahore*, avec la légende chrétienne dans *Marie-Madeleine* et dans *Hérodiade*, avec la tragédie héroïque dans le *Cid*, hésita longtemps, plusieurs années dit-on, devant le livret que lui avaient confié MM. Alfred Blanc et Louis de Gramont. Une perception très fine des difficultés du sujet le détournait du personnage à la fois séduisant et scabreux d'*Esclarmonde*, qui lui apparaissait impossible à moins d'une interprétation exceptionnelle qui en voilât en quelque sorte la naïve impudeur et le rendit non seulement supportable, mais intéressant. Le hasard, ce bon serviteur des musiciens comme des poètes, fit apparaître un jour aux yeux de M. Massenet l'Esclarmonde rêvée ; c'était une chaste jeune fille intelligente et belle et douée d'une voix d'une étendue égale à sa limpidité. Dès lors les incertitudes de M. Massenet prirent fin et la création d'Esclarmonde fut résolue. M. Massenet écrivit sa partition d'un seul jet, tel qu'il l'avait pensée et c'est ici que commence pour le critique le devoir périlleux de juger en quelques instants l'œuvre où l'artiste a mis toute sa sincérité, toute sa volonté, toute son âme.

Berlioz a connu et défini les angoisses de la critique musicale en quelques lignes d'une poignante vérité : « Ce que je trouve beau est le beau pour moi, mais il ne le sera peut-être pas pour mon meilleur ami, celui dont les sympathies sont ordinairement les miennes sera affecté d'une toute autre manière ; il se peut que l'océan qui me transporte, qui me donne la fièvre, qui m'arrache des larmes, le laisse froid, ou même lui déplaise. L'un a été ému et l'autre est demeuré impassible. Le premier a éprouvé une vive jouissance et le second une grande fatigue. Que faire à cela ? Rien, mais c'est horrible ; j'aimerais mieux être fou et croire au beau absolu. »

Berlioz aurait pu ajouter que ces contradictions du sentiment musical arrivent à se produire chez un seul et même critique, lorsqu'il est attentif et de bonne foi. Il me souvient que mon éminent et regretté prédécesseur B. Jouvin se refusa tout d'abord au lendemain de la première représentation du *Roi de Lahore*, à comprendre les procédés symphoniques par lesquels Massenet avait obtenu le coloris intense, presque aveuglant du Paradis d'Indra. Dix ans plus tard ses yeux s'étaient dessillés, et il avouait sa conversion avec une loyale franchise.

. . . .

A première vue il semble que le parti-pris dans l'*Esclarmonde* de Massenet, soit d'éviter les contours arrêtés et de laisser chaque phrase musicale à l'état pour ainsi dire flottant. Ce n'est pas que les idées et l'imagination fassent défaut chez le compositeur ; elles abondent au contraire à travers les combinaisons orchestrales, et parfois se font jour jusque sur la scène même, seulement elles passent fugitives, se succédant l'une à l'autre, disparues avant d'avoir achevé d'éclore. Il nous souvient de l'admirable scène où l'Orphée de Gluck erre dans le jour crépusculaire des Champs-Élysées, essayant de deviner parmi les ombres heureuses le visage d'Eurydice, tel l'auditeur d'*Esclarmonde* saisit au passage une forme mélodieuse qui lui échappe aussitôt, toujours renouvelée et toujours fugitive.

Le compositeur s'est évidemment proposé de traduire par une succession d'aperçus musicalement colorés, les nuances des sentiments et des passions indiqués par les vers du poème, commentés respectueusement à la façon d'un texte sacré. C'est à vrai dire, et j'indique cette comparaison pour établir une question de fait, la théorie de l'impressionisme, appliquée à la peinture musicale, une série d'effets souvent délicats et harmonieux en eux-mêmes, substitués à l'harmonie supérieure d'un tableau achevé et complet.

(Suit une analyse très élogieuse de la partition.)

AUGUSTE VITU.

(*Le Figaro*, 16 mai 1889).

. . . .

Ai-je besoin d'ajouter quels ravissements, quelles délicieuses surprises, révèle à l'auditeur attentif et tant soit peu musicien l'orchestre de M. Massenet. Il y a des accouplements de timbres tout à fait originaux et des détails extrêmement intéressants dans la partition d'*Esclarmonde*, il y a aussi des délicatesses exquises, des effets de sonorité dont il serait assez difficile de n'être pas vivement impressionné : au troisième acte par exemple, pendant que les remparts s'écroulent, que les terres sont dévorées par les flammes et que le peuple se lamente, sur les malheurs de la ville assiégée. Qui donc pourrait blâmer ce déchaînement de toutes les forces de l'orchestre et dire que la situation ne les justifie pas ? — Mais quel calme et quelle sérénité ensuite dans le chant d'amour qui accompagne la sortie de Rolland victorieux !

ERNEST REYER.

(*Le Journal des Débats*, 19 mai 1889. Edition du matin.)

Dès le début, on remarque le soin de Massenet pour l'expression dramatique, et son étonnante habileté dans l'effet vocal et instrumental.

. . . .

A part quelques critiques de détail, la partition de M. Massenet est très remarquable et demeurera incontestablement, une de ses meilleurs œuvres. Ecrite avec un soin extrême, sans être excessif, tout y garde de justes proportions.

J. WEBER.

(*Le Temps*, 21 mai 1889.)

Je mets néanmoins en ce qui me touche, *Esclarmonde* au-dessus du *Cid*. Quels que soient les défauts que j'y sens, j'y vois aussi des tendances plus hautes et nous devons en faire le compte en jugeant cette partition.

. . . .

Je dois tout d'abord reconnaître chez le compositeur un désir très marqué de se rapprocher de la nouvelle école, ce dont je ne saurais lui faire qu'un éloge. Il a visiblement cherché à donner à son travail lyrique plus de cohésion, unifier ses scènes par des emplois plus fréquents et plus décidés de motifs typi-

ques et à rendre son orchestre plus expressif. La volonté de
créer des effets nouveaux est souvent manifeste, et l'ingéniosité des procédés ne peut se discuter.

FOURCAUD.
(*Le Gaulois*, 16 mai 1889).

Il n'y a pas à dire cette fois, — on le prendra comme on
voudra — l'œuvre nouvelle est emportée à toutes voiles sur
le torrent impétueux de la musique de l'avenir. Le chemin de
Bayreuth a été pour M. Massenet le chemin de Damas, et si
Esclarmonde ne peut renier son père et reste après tout la
sœur légitime de Marie-Madeleine, d'Hérodiade et de Manon
c'est à coup sûr, une fille d'un autre lit.

L'influence du maître allemand, on peut la surprendre presque à chaque page de l'œuvre nouvelle. Je la découvre dès le
prologue et la retrouve tout de suite au tableau suivant dans
la scène fantastique où Esclarmonde essaie, la première fois,
le pouvoir de son art. Il y a là des rythmes sauvages et des
sonorités violentes qui sans éveiller l'idée d'une imitation ser-
vile font évidemment songer aux chevauchées aériennes des
filles de Wotan.

Au troisième tableau, celui de l'île enchantée, c'est le souvenir de Parsifal qui domine mais un Parsifal qui se trans-
formerait en Tristan pour chanter, avec la bien-aimée, le duo
passionné des nuits nuptiales.

. . . .

En dépit de son titre d'opéra romanesque, *Esclarmonde*
est au fond un drame symphonique, où des thèmes typiques
ou leit motive courent dans l'orchestre, s'y croisent et s'y transforment alors même que la voix, jalouse de retrouver son ancienne domination, reprend pour un instant le dessus et s'épan-
che tout à coup en cantilènes mélodieuses. Cette transformation préméditée et réussie avec une énergie surprenante, ne
pouvait évidemment s'accomplir sans voiler momentanément
la personnalité de M. Massenet. Dans la tourmente qu'il a
lui-même déchaînée, le poète délicat et le musicien charmant

que l'on avait appris à connaître, devait perdre quelque peu de sa grâce aimable et caressante. En revanche il a pris une force et une robustesse qu'on ne pouvait lui soupçonner. Peut-être même, a-t-il poussé les choses à l'exagération et je regrette pour ma part de trouver dans son instrumentation des brutalités sonores qui ne sont pas, à mon avis, du domaine de la musique.

Quoiqu'il en soit, l'œuvre que M. Massenet vient de nous donner est une œuvre vigoureuse, attestant chez son auteur une souplesse de talent vraiment extraordinaire et une force d'assimilation qui confine au prodige.

V. WILDER.

(*Gil Blas*, 17 mai 1889.)

Grâce à la musique, tous les détails de ces moments adorables nous sont contés. Cela commence doux comme un effleurement, puis le mouvement va en s'accentuant jusqu'au déchaînement des cuivres et un grand coup de cymbale final, qui exprime le cri de la passion triomphante et assouvie.

Tous les spectateurs sont excités jusqu'au paroxysme. Oh ! cet air... cet air. Les hommes clignent de l'œil ravis, les femmes se cachent derrière leur éventail. On crie *bis*, oui, une frénésie érotique.

Et dire qu'on conduira les petites filles entendre cet hymne à l'amour sexuel, pour les entrevues avant leur mariage. L'orchestre recommence. Et Roland ?... Diable, il va être bien fatigué.

RICHARD O'MONROY.

(*Gil Blas*, 17 mai 1889.)

Pour nombre de nos compositeurs, le retour de Bayreuth a fait l'effet du chemin de Damas pour saint Paul, et les voici à la recherche de poèmes d'opéra dont les tendances aillent de *Lohengrin* à *Parsifal*, en passant par l'*Anneau des Niebelungen*.

Qu'importe, après tout, si ce sont nos légendes qui défilent, et si, surtout, nos musiciens, en se garant du brouillard germanique, savent rester Français et chanter haut et clair, comme notre coq de Gaule.

Nous aurons alors un art nouveau, fait des profits qu'apporte avec soi toute révolution, et bénéficiant même des exagérations calamiteuses, de l'*autre*, au point d'apparaître plus parfait, étant plus simple.

Les théories de Wagner, mises, par des Français, à l'abri de la musique de Wagner, voilà le rêve : c'est ce rêve-là dont Massenet vient de faire une curieuse et splendide réalité.

Léon Kerst.

(*Le Petit Journal*, 15 mai 1889.)

Dans son poème du *Roi d'Ys*, M. Edouard Blau a superbement écrit :

Les croyants sont les forts !

Cette force de la croyance, Massenet la connaît ; on la retrouve en maintes places dans sa musique et c'est là qu'apparaît nettement sa véritable originalité. Il a le don des larmes, parce qu'il croit à la souffrance ; il croit aux émotions qui font la joie et la douleur ; il croit au prestige des vers comme aux charmes de la beauté, à l'ivresse des sens comme aux rêves de l'esprit. Voilà pourquoi *Esclarmonde* est une œuvre, œuvre étrange si l'on veut, mais belle puisqu'elle est sincère. L'auteur n'y a pas mis seulement toute sa science ; il y a mis son cœur.

Charles Malherbe.

(*Le Monde Artiste*, 2 juin 1889.)

WERTHER

Drame lyrique en quatre actes et cinq tableaux

D'après Gœthe

Poème de MM. Edouard Blau, Paul Milliet et Georges Hartmann

*Représenté pour la première fois
à l'Opéra Impérial de Vienne, le 16 février 1892
(Direction Jahn);
et au Théâtre National de l'Opéra-Comique, le 16 janvier 1893*

	VIENNE 16 février 1892	GENÈVE Janvier 1893	OPÉRA-COMIQUE 16 janvier 1893
WERTHER,	MM. Van Dyck.	MM. Imbart de la Tour	MM. Ibos.
ALBERT,	Neidl.	Layolle.	Bouvet,
LE BAILLI,	Mayerhofer.	Boussa.	Thierry.
SCHMIDT,	Schlittenhelm.	Van Laer.	Barnolt.
JOHANN,	Félix.	Vidal.	Artus.
BRUHLMANN,	Stoll.		
CHARLOTTE,	Mlles Renard.	Mlles Lemeignan.	Mlles Delna.
SOPHIE	Forster.	Servet.	Laisné.

(Genève fut la première ville
qui donna Werther en français.)

	BRUXELLES 24 janvier 1893	TOULON Février 1893	TOULOUSE Février 1893
WERTHER,	MM. Leprestre.	M. Mikaelly.	MM. Degenne,
ALBERT,	Gasne.		Barbe.
LE BAILLI,	Gilibert.		
JOHANN,	Barbary.		
BRUHLMANN,	Daubée.		
CHARLOTTE,	Mlles Chrétien.	Mlles de Varenne.	Mmes Vachot.
SOPHIE,	Archainbaud.	Berthe Mary.	Pujol.

(La première en présence de
Massenet.)

	NICE Février 1893	REIMS Février 1893	ANVERS Fin janvier 1893
WERTHER,	MM. Cossira.	MM. Pruym.	MM. Bonnard.
ALBERT,	Frédéric Boyer.	Romieu.	Albers.
CHARLOTTE,	Mlles Sybil Sanderson	Mme Rives-Hincelin.	Mme Salambiani.
SOPHIE	Albony.		Mlle Savine.

(Première en présence de
Massenet.)

AMIENS
Février 1893
Werther, MM. Mainvielle.
Albert, De Bucker.
Charlotte, Mlles Salembier.
Sophie, Dorban.

HAMBOURG
10 octobre 1895
MM. Birrenkoven
Vilmar.
Mmes Fœrster.
Von Artner.

NANTES
25 février 1893
MM. Bucognani.
Montfort.
Mmes Laville-Ferminet.
Duranty.

MONTPELLIER
4 janvier 1894
Werther, MM. Dastrez.
Albert, Corin.
Charlotte, Mlles Parentani.
Sophie, Combes-Pujol.

LYON
17 février 1893
MM. Dupuy.
Mondaud.
Mmes Fierens.
Doux.

ANGERS
Mars 1893
M. Cazeneuve.
Mmes Guillon-Tauffenberger
Desgoria.

STRASBOURG
Novembre 1896
Werther, M. Wulff.
Albert,
Charlotte, Mlle Kratz.
Sophie,

MONS
12 mars 1895
MM. Leroy.
Dupuis.
Mlles Oberty.
Nazat.

La première audition de *Werther* eut lieu, en 1889, chez M. Carvalho, dans une séance intime. Mme Rose Caron, à laquelle les auteurs destinaient le rôle de Charlotte, était présente. On espérait, à la faveur de cette création, l'enlever à l'Opéra ; mais M. Carvalho trouva le sujet trop lugubre et provisoirement s'abstint.

La partition contient 2,797 mesures et l'exécution complète demande 131 minutes.

A l'Opéra-Comique, *Werther* a eu quarante-trois représentations en 1893 et deux en 1894.

OPÉRA-COMIQUE
Reprise
Mai 1897
Werther, MM. Leprestre.
Albert, Bouvet.
Charlotte, Mlles Delna.
Sophie, Laisné.

Mlle Charlotte Wyns reprit le rôle de Charlotte, en septembre 1897.

Le jour de la première de *Werther*, *l'Echo de Paris* publia un supplément illustré spécial, avec reproductions et autographes, dont est extrait l'article suivant :

— Vous désirez, me dit le Maître, connaître la genèse de *Werther*... comment l'idée germa en mon esprit de mettre à la scène cette adorable et poignante « tragédie du cœur » de

Gœthe... pourquoi, enfin, pendant six années, l'œuvre terminée resta dans mes cartons sans recevoir le baptême du feu de la rampe ?... Eh bien, voici...

C'était en 1885... Je venais d'achever le *Cid*... Le hasard, un jour, me mit en présence de Georges Hartmann qui, à ses heures perdues et sous un pseudonyme, avait sacrifié déjà à des poèmes d'opéra, à des livrets d'opéra-comique. « Je vous connais à fond, me dit-il, et je sais vos pensées de derrière la tête... Hier, vous avez mis la dernière main à une œuvre grandiloque, héroïque, et aujourd'hui, je vous trouve déjà nerveux, agité, inquiet... A peine sortez-vous de table, et vous avez encore faim !... Vous allez, par la ville, *quærens quem devoret*, à l'affût d'un sujet... Eh bien ! j'en sais un, délicieux, exquis, qui n'a pas encore été traité musicalement en France, et sur lequel, à votre place, je sauterais... — Lequel, de grâce ? — C'est un drame passionné mais discret, poignant mais intime... — Quoi, encore ? — Une synthétique tragédie de l'âme qui, dans un milieu simple et pur, dans la paisible atmosphère d'une petite ville germanique, se déroule et se dénoue entre trois êtres seulement : le mari, la femme et... l'ami. — Werther ? — Eh oui, Werther !... Ce paradoxe ne vous tente-t-il pas de nous donner enfin une femme honnête au théâtre... vous qui y avez transporté déjà tant de courtisanes... y compris notre mère Ève !... — Soit ! fis-je après une seconde de réflexion, apportez-moi un projet de scénario... »

Hartmann, immédiatement, se mit à la besogne et, quelques jours plus tard, en collaboration avec Paul Milliet et Edouard Blau, il me soumettait la première ébauche de *Werther*...

Le développement scénique me plut infiniment, je fus séduit du coup... Et laissez-moi ici vous avouer, par parenthèse, que je suis loin d'être un collaborateur commode... Oh ! non, pas commode !... Méticuleux, tracassier, autoritaire, j'entends que les vers s'adaptent exactement à ma forme mélodique, j'exige que la coupe et le développement des scènes répondent adéquatement à la conception, née dans mon imagination, sur un thème donné... Je ne souffre pas que... Mais bast ! Mes collaborateurs sont, pour la plupart, de vieux et excellents amis qui veulent bien m'accepter tel que je suis, avec la somme de mes qualités et le stock de mes défauts... en bloc!

Je me mis donc au travail... Mes premières mesures, je les écrivis au printemps de 1885 et je notai les dernières à la fin de l'hiver 1886... Près de deux années de labeur !...

La partition fut gravée de suite... Je songeai alors à chercher mon interprète principale, celle qui devait incarner l'héroïne du drame... Une cantatrice de tout premier ordre s'offrit d'abord à ma pensée... Mme Caron. Quelques semblants de pourparlers s'engagèrent à ce moment avec Carvalho... Ils n'eurent pas le temps d'aboutir. L'Opéra-Comique, à cette époque, passa successivement entre les mains intérimaires de MM. Jules Barbier et Paravey.

Ce dernier, précisément, me demandait une œuvre qu'il pût jouer pendant l'Exposition... Il avait connaissance de *Werther* et me sollicita à ce sujet... Mais je préférai lui livrer *Esclarmonde*, drame à grand spectacle, qui se prêtait bien mieux à tous les déploiements de mise en scène, à toutes les magnificences des décors et des costumes, et pour lequel enfin j'avais une merveilleuse interprète, Mlle Sibyl Sanderson, douée d'un voix miraculeuse, féerique, capable de s'élever à de vertigineuses hauteurs... M. Paravey accepta cette substitution... Il eut raison, car *Esclarmonde* tint cent fois l'affiche pendant la durée de l'Exposition...

Sur ces entrefaites, *Manon* fut montée à Vienne. J'allai assister aux dernières répétitions. Grâce à la mise en scène, grâce à l'admirable exécution de l'orchestre, grâce surtout au talent des deux protagonistes, Mlle Marie Renard et Van Dyck, le succès fut des plus vifs... *Manon* en est aujourd'hui, à Vienne, à la cinquantième représentation... chiffre énorme si l'on songe que, là-bas, un ouvrage n'est joué jamais, en moyenne, qu'une fois par semaine !

Quelques mois plus tard, je reçus une lettre de Van Dyck. « Que faites-vous donc, m'écrivait l'excellent artiste, que faites-vous de ce Werther dont vous m'avez, un soir, parlé dans les coulisses ? Que ne nous donnez-vous le plaisir de le créer ici ? »

J'avoue que je fus ravi de la proposition, et je signai un traité avec la direction de l'Opéra Impérial.

Au mois de janvier 1892, je repartais pour Vienne. Le lendemain de mon arrivée, une voiture aux armes de la Cour venait me quérir à mon hôtel pour me conduire à la première audition intime et privée de mon œuvre.

Quelques détails, en passant, sur la façon très particulière dont sont administrés les deux théâtres impériaux de la capitale autrichienne. Hiérarchiquement, et au premier rang, domine en maître le prince de Hohenlohe, représentant direct de Sa Majesté. Après lui, viennent, d'abord, un haut personnage officiel qui porte le titre d'intendant général, et puis, en troisième lieu, le directeur, M. Jahn.

Les artistes — y compris les danseuses — sont considérés comme accomplissant un service d'*État*. Chaque jour, des voitures officielles les amènent aux répétitions. Elles ont lieu de dix heures à midi et demi, dans le plus absolu huis-clos. Aussi bien le soir, pendant la représentation, personne n'est admis dans les coulisses, ni dans les loges, et cela au point de vue de la moralité la plus stricte. On joue, on chante, on danse entre artistes, loin de toute personne étrangère au théâtre... Les archiducs eux-mêmes sont consignés aux portes... Voilà qui diffère un peu de nos mœurs parisiennes et boulevardières !

Mais je reviens à ce qui me concerne... Mon bulletin de première répétition en poche, j'arrivai donc aux portes de l'Opéra Impérial à neuf heures et demie du matin et fus aussitôt introduit dans le cabinet particulier du directeur. Imaginez un immense et luxueux salon, pouvant contenir plus de deux cents personnes, et faisant partie de l'appartement de M. Jahn, qui habite le théâtre même.

Tout les artistes étaient là assis et groupés dans un charmant mais imposant ensemble... A mon entrée, tous se levèrent et s'inclinèrent. Le directeur s'approcha et prononça quelques aimables et trop élogieuses paroles de bienvenue. Tout cela prenait l'aspect intimidant d'une réception officielle... J'étais fort ému. En dehors de mes deux anciens interprètes, Mmes Renard et Van Dyck, je ne connaissais personne...

Cependant le directeur me conduisit au piano, sur le pupitre duquel ma partition encore inédite s'ouvrait à la première page.

Je m'assis au tabouret et j'allais frapper le premier accord... A ce moment, vous le dirai-je, une émotion intense m'envahit... Le cœur me battit à se rompre... En une seconde, avec une intensité vraiment douloureuse, j'eus la notion bien vive de la responsabilité artistique qui m'incombait... Quelle terrible partie allais-je jouer?... Cette partition de Werther datait de six années... A peine était-elle encore dans ma mémoire... Combien d'œuvres de moi avaient été exécutées depuis !... Je me trouvais là, seul, loin de mon pays, représentant, par la force des choses, l'art musical français... J'avais, d'autre part, conscience de l'honneur immérité qui m'était fait... N'étais-je pas à Vienne l'hôte de l'Empereur, invité aux frais de l'État et me rappelant que, seuls, deux maîtres avant moi — indiscutables ceux-là — Verdi et Wagner, avaient été l'objet d'une aussi haute et aussi précieuse distinction?... Toutes ces pensées, d'un coup, montèrent à mon cerveau, les larmes me vinrent aux yeux et... tout bêtement, comme une femmelette... je me mis à pleurer !

Alors que de prévenances et de délicatesses exquises autour de moi !... « Courage ! Courage ! » me disait-on de tous côtés... Je fis un immense effort et tout tremblant encore d'émotion, j'exécutai au piano ma partition entière... Telle fut, à Vienne, la première audition de *Werther*...

Enfin, le 16 février 1892, à 7 h. du soir, la première représentation avait lieu au Théâtre Impérial...

Il ne m'appartient pas de vous dire l'accueil que mon œuvre reçut de la presse et du public viennois... mais il m'est bien permis, tout au moins, de rendre un reconnaissant hommage à tous ceux qui ont collaboré à son succès.

A l'éminent directeur, tout d'abord, à M. Jahn qui, non seulement monta mon drame musical avec un soin jaloux, mais qui, pendant la rude période des répétitions n'a cessé de m'entourer de témoignages d'affection, de délicates prévenances.. Je lui ai voué une inaltérable amitié. — C'est lui qui, le soir de la première, me fit le grand honneur, si rare et d'au-

K. K. Hof- Operntheater.

Dinstag den 16. Februar 1892.   44. Vorstellung im Jahres-Abonnement.

Anfang um 7 Uhr.

Zum erstenmal:

Werther

(nach Goethe.)

Lyrisches Drama in 3 Akten (4 Bildern) von Ed. Blau, Paul Millier und Georges Hartmann.
Deutsch von Max Kalbeck. Musik von J. Massenet.

Werther . . . . . . Hr. v. Dyck   Sophie, ... Fr. Förster
Albert . . . . . . Hr. Reidl   Fritz, ... Frl. Mohr
Der Amtmann . . . . Hr. Mayerhofer   Max, ... Frl. Massanek
Schmidt, | Freunde des . . Hr. Schittenhelm   Hans, | Kinder des Amtmanns . . Frl. Wallnöfer
Johann, | Amtmannes . . Hr. Felix   Karl, ... Melanie Tauer
Brühlmann . . . . . Hr. Stoll   Gretl, ... Marie Tauer
Käthchen . . . . . Frl. Karlona   Clara, ... Kl. Fröhlich
Lotte, Tochter des Amtmannes . . Frl. Renard

Ein Bauernbursch. — Ein Bote. Einwohner von Wahlheim, Dorfgäste, Musikanten.

Die Handlung spielt in der Umgegend von Wetzlar in der Zeit vom Juli bis Dezember 1772.
Costüme nach Zeichnungen von Fr. Gaul. Die neuen Decorationen von den k. k. Hoftheatermalern H. Burghart und A. Brioschi.
Das Textbuch ist an der Kassa für 40 h zu haben.

Der freie Eintritt ist ohne Ausnahme aufgehoben.

Kassa-Eröffnung 6 Uhr. Anfang 7 Uhr. Ende gegen 1/2 10 Uhr.

Mittwoch den 17 Rouge et noir Hierauf Cavalleria Rusti-   Freitag   den 19. (Zum zweitenmal:) Werther.
          cana.   Samstag   den 20. Der Maskenball. Hierauf: Die Puppenfee.
Donnerstag den 18. Die Meistersinger von Nürnberg. „Walther   Sonntag   den 21. Der Barbier von Bagdad. Hierauf (zum erstenmal):
          Stolzing" Herr Andreas Dippel vom Stadt-   Das Glockenspiel.
          theater in Bremen als Gast.   Montag   den 22. (Zum drittenmal:) Werther.

Falls eine angekündigte Vorstellung abgeändert werden sollte, kann von den für dieselbe gelösten Karten auch zur Ersatzvorstellung Gebrauch
gemacht, oder der dafür entrichtete Betrag jedoch spätestens am Tage der Vorstellung bis halb 7 Uhr Abends (resp. eine halbe
Stunde vor dem für Beginn der Vorstellung angesetzten Zeitpunkt) bei sonstigem Verlust des Anspruches an der Kassa zurückverlangt werden.

Preise der Plätze:

Eine Loge Parterre oder I. Galerie . . fl. 15   Ein Sitz Parquet 1. Reihe . . fl. 5.—   Ein Sitz III. Galerie 2. Reihe . . fl. 2.—
Eine Loge II. Galerie . . fl. 14   Ein Sitz Parquet 2. bis 4. Reihe . . fl. 4.—   Ein Sitz III. Galerie 3. bis 4. Reihe . . fl. 1.20
Eine Loge III. Galerie . . fl. 10   Ein Sitz Parquet 5. bis 9. Reihe . . fl. 3.50   Ein Sitz IV. Galerie 1. Reihe . . fl. 1.20
Ein Logensitz Parterre oder I. Galerie . . fl. 4   Ein Sitz Parquet 10. bis 13. Reihe . . fl. 3.—   Ein Sitz IV. Galerie 2. bis 4. Reihe . . fl. 1.30
Ein Logensitz II. Galerie . . fl. 4   Ein Sitz Parterre 1. Reihe . . fl. 3.—   Eintritt in das Parterre (nur Herren gestattet) . . fl. 1.—
Ein Logensitz III. Galerie . . fl. 3   Ein Sitz Parterre 2. bis 4. Reihe . . fl. 2.50   Eintritt in der III. Galerie . . fl. —.80
                                                   Ein Sitz III. Galerie 1. Reihe . . fl. 2.50   Eintritt in die IV. Galerie . . fl. —.40

Zu jeder im Repertoire angekündigten Vorstellung erfolgt Tags vorher bis 1 Uhr Nachmittags die Ausgabe
der Stammsitze; von 2 bis 5 Uhr Nachmittags der allgemeine Vorverkauf der restirenden Logen und Sitze gegen
Entrichtung der Vorkaufsgebühr.
Diese beträgt je 3 fl. für eine Loge im Parterre oder I. Rang; 2 fl. für eine Loge der II. Galerie; 1 fl. für
eine Loge der III. Galerie; 1 fl. für einen Fauteuil im Parquet 2. Reihe; 50 kr für die Sperrsitze im Parquet
2. bis 13. Reihe, im Parterre und in der 1. Reihe der III. und IV. Galerie; 30 Kreuzer für alle übrigen Galeriesitze.

Anfang um 7 Uhr.

R. F.

tant plus précieux, de conduire lui-même son impeccable orchestre...

J'ai dit déjà la conscience, le dévouement, la ferveur artistiques de Mlle Marie Renard et de Van Dyck. Je n'y reviendrai pas... A quoi bon ? Ils ont trop souvent fait leurs preuves et gagné trop de victoires...

Laissez-moi ajouter seulement que Van Dyck me donna la joie, à cette époque, de m'apporter, en collaboration avec Camille de Roddaz, le scénario d'un tout gracieux ballet en un acte : *Le Carillon*, dont j'écrivis la musique et qui, depuis, n'a pas cessé d'être exécuté à Vienne avec le plus vif succès.

Mais, quelles que fussent les jouissances artistiques que me procurât mon séjour à Vienne — pendant les quelques semaines que j'ai passé là-bas, on avait eu la gracieuseté de monter, soit au Théâtre, soit à la Chapelle Impériale, les œuvres de mes maîtres et amis : Thomas, Gounod, Bizet, Delibes, Saint-Saëns, etc... — force me fut de repartir après la seconde de Werther.

Mes occupations et mes cours du Conservatoire me rappelaient impérativement à Paris.

Ce fut alors que Carvalho m'écrivit et me gronda amicalement de ma... fugue en Autriche : « Revenez-nous, disait-il, et rapatriez ce Werther que, musicalement, vous avez fait français. »

Nous nous entendîmes facilement, et nous convînmes d'une exécution à l'Opéra-Comique pour le commencement de l'automne.

Mais, dans l'intervalle — je suis fier de le constater — Werther eut les honneurs d'une audition officielle... Le Ministre de l'Instruction publique, M. Bourgeois, me pria de faire exécuter les principaux fragments de mon œuvre dans une soirée qui aurait lieu au Ministère. J'y consentis avec joie et, un soir, pendant plus d'une heure j'accompagnai au piano, dans les salons ministériels, de remarquables interprètes tels que Mmes Isaac et Leclercq, Bouvet...

Cependant Werther entrait en répétition à l'Opéra-Comique. La distribution des rôles eut lieu, au delà de mes désirs, entre Mlle Delna, qui s'est triomphalement révélée dans les *Tro-*

yens, Mlle Laisné, la toute charmante jeune fille qui obtint, cette année, deux premiers prix au Conservatoire, Bouvet, déjà nommé et applaudi, plus Ibos, l'excellent ténor...

Sous l'habile direction de Carvalho, grâce à son initiative et à ses trouvailles véritablement géniales, la mise en scène actuelle est tout à fait originale et n'a rien de commun avec ce qu'elle est était à Vienne... C'est nouveau, c'est autre chose et c'est aussi bien !

Je ne sais ce que me réserve la représentation publique, mais je tiens à vous dire, dès aujourd'hui, combien j'ai été touché par la sympathie et la dévotion artistiques que l'orchestre de l'Opéra-Comique et son excellent chef, Danbé, n'ont cessé de témoigner pour mon œuvre... Et cette impression est d'autant plus vive en moi que, dans la partition de *Werther*, l'orchestre représente symboliquement l'un des principaux personnages...

Et maintenant, j'attends avec une impatience un peu nerveuse le jugement définitif et sans appel du grand public parisien... C'est à lui, voyez-vous, qu'il faut toujours en revenir... c'est à lui, en tout ordre artistique, qu'il appartient de dire le dernier mot...

Au moment précis où mon éminent interlocuteur achevait ce récit, on frappa à la porte du cabinet de travail où nous nous trouvions :

— Voici, fit quelqu'un, les dernières épreuves de votre partition nouvelle...

Et sur la couverture, je lus ce titre : *Thaïs*, drame lyrique en trois actes et six tableaux, poème de Louis Gallet, d'après le roman d'Anatole France, musique de Massenet.

— Eh oui ! fit le maître avec un sourire, c'est la vie !... Aujourd'hui *Werther*, demain *Thaïs*... Une œuvre chasse l'autre... Celle-ci vaut-elle mieux que celle-là ? qui le pourrait dire en ce moment... et qu'importe ?... Le tout est de travailler obstinément et de produire, de produire encore... Voyez-vous, comme l'a dit Voltaire : « Il faut cultiver notre jardin ! »

Robert Charvay.

(Echo de Paris, supplément illustré, janvier 1893.)

"Werther"
Massenet
1886.

« Certes la grande ombre de Wagner plane sur la musique dramatique de notre temps ; mais Bayreuth ne saurait hypnotiser tous les esprits, sous peine de les appauvrir et en quelque sorte de les stériliser. Il faut étudier Wagner comme on étudie Bach et Beethoven, pour le comprendre, l'admirer, l'aimer et non pour le copier. Mais la semence germaine ne doit être féconde en terre gauloise qu'à la condition de se transformer, et, si précieuse qu'on l'estime, la coupe taillée dans l'or du Rhin ne sera jamais la seule où se contenteront de boire les maîtres français.

Or Massenet est français et bien français par la clarté de son style : ce sont ces qualités « nationales » qui donnent une saveur spéciale et somme toute une haute valeur à son interprétation musicale d'un des chefs-d'œuvre de la littérature étrangère. Ce qu'à l'heure actuelle nul compositeur allemand n'aurait osé faire, ni Goldmarck, ni Brüll, ni Hofman, ni Rufer, ni Kretschmer, il l'a fait lui et bien fait ; Werther a été acclamé à Vienne, comme il l'est désormais à Paris. Honneur donc, une fois de plus, au maître dont le nom a depuis longtemps franchi la frontière, son œuvre fait partie du patrimoine artistique de notre pays, et sa gloire est la nôtre.

CHARLES MALHERBE.
(*Le Monde Artiste*, 22 janvier 1893.)

« Massenet s'est souvenu du « leit motif » dont l'emploi raisonné contribue à maintenir l'unité musicale ; il s'est souvenu de l'importance de l'expression symphonique dans une œuvre de passion humaine, intime et vivante ; si comme Wagner par des moyens très sobres, quelquefois de simples récitatifs avec ou sans accompagnement, il a cherché l'intimité de l'effet dans le respect du texte, plutôt que dans l'effet vocal et instrumental, comme Wagner encore il a mis dans l'orchestre toute la pensée et l'intérêt du drame, avec cet art et cette scène de l'instrumentation qui lui sont propres, avec ce sens inné de la couleur, de l'abondance et de la fantaisie,

de la souplesse et de la variété. L'unité est la qualité dominante de Werther, et c'est surtout par cette qualité que
l'œuvre frappe et émeut. »

Georges Street.
(Le Matin, 17 janvier 1893.)

« Gœthe a dit quelque part « où la parole finit la musique
commence »; dans la partition de Werther la parole et la
musique ne font qu'un et leur alliance est si étroite qu'elles
semblent nées l'une et l'autre d'une même inspiration. »

Charles Darcours.
(Le Figaro, 17 janvier 1893.)

« M. Massenet a écrit sa partition avec des caresses
longues, qui ne sentent ni la précipitation, ni la nécessité d'en
finir vite ; avec, au contraire, de mûres réflexions, de sages
lenteurs bien faites pour donner à l'œuvre cette homogénéité
de pensées, cette certitude de contours, ce style approprié qui
la font d'un bout à l'autre étonnament allemande par
l'atmosphère qui s'en dégage, tout en la laissant exclusivement française par les idées mélodiques et même par les procédés d'écriture. Il est impossible, si l'on possède seulement
quelque sentiment d'art, de ne pas subir l'enveloppement de
tout ce qui se dégage de la musique de Werther. C'est une de
nos meilleures soirées de théâtre et je suis aise d'en envoyer
par la grande voix du Petit Journal mes reconnaissants
« merci » à M. Massenet.

C'est pour la musique française une très belle victoire dont
on peut s'enorgueillir. »

Léon Kerst.
(Le Petit Journal, 17 janvier 1893.)

J'ai une foule de bonnes raison pour me dispenser d'analyser et de discuter ici le procédé de composition dramatique
de M. Massenet. La meilleure de ces raisons est celle-ci : L'au-

teur de Werther qui est actuellement le plus joué des compositeurs français est par cela même le plus connu, le plus célèbre musicien de notre époque. Ses œuvres si nombreuses et si brillantes sont au répertoire de tous les théâtres, garnissent les pupitres de tous les pianos, s'installent en la mémoire des plus rebelles dilettantes et l'on peut affirmer que son « faire » très particulier n'est à cette heure un mystère pour personne. Inutile dès lors de prêcher des convertis.

Dans la nouvelle partition de Massenet, les parties de grâce délicate, d'intimité tendre, sont des plus réussies et des plus délicieusement instrumentées.

En ce genre, la première scène de l'ouvrage est un petit bijou de finesse orchestrale et la rentrée de Werther avec Charlotte au clair de lune est un tableau d'irrésistible pénétration. Dans des sentiments d'intensité douloureuse, la scène des lettres au début du troisième acte est aussi remarquablement traitée et l'émotion de Werther devant le clavecin, les livres, les mille choses retrouvées, est fort touchante.

Je vais stupéfier M. Massenet en lui avouant que mon esprit si compliqué eut désiré plus de simplicité dans les parties de profondeur qui sont comme l'essence même du personnage de Werther. Le déchirement des séparations, les amertumes de la vie, les désespérés appels à la mort, me semblaient pouvoir être exprimés en un lyrisme moins factice, en des accents plus véritablement humains, plus directement jaillis du cœur.

Mais j'oublie que le premier devoir du critique est de ne jamais substituer ses personnelles visions d'art à celle des auteurs dont il a à apprécier les œuvres, surtout lorsqu'il est en face d'un homme, de la grande valeur laborieuse et du grand talent musical de M. Massenet, lequel a été, on le sait, et restera un maître pour moi.

ALF. BRUNEAU.

(*Gil Blas*, 18 janvier 1893.)

« La musique est femme » a dit Wagner. Elle l'est d'abord en ce sens que le charme est chez elle une qualité capitale, seulement il ne suffit pas du tout de se laisser charmer par la musique ou par les femmes : il faut aussi exiger des qualités plus sérieuses et essentielles.

L'auteur a écrit son œuvre avec un soin, un amour et un sentiment parfaits des situations en même temps qu'avec une sobriété et un tact s'étendant aux moindres détails. C'est en somme une de ses meilleures œuvres et l'une de ses plus magistrales. Ce n'est pas sa faute si l'on ne le comprend pas tout à fait dès l'abord. Il me reste à souhaiter que le public, modifiant son principe habituel, se dise : « Que m'importe la pièce et Werther, j'écoute la musique. »

J. WEBER.

(Le Temps, 25 janvier 1893.)

Ce qui me frappe dans la musique de Massenet, c'est d'abord qu'il n'a rien épargné pour être ou paraître converti aux principes wagnériens. A suivre ses leit-motive et ses scènes continues, on voit bien que le wagnérisme est à la mode... Comme il me serait facile après cela d'entonner un chant de triomphe ! Mais certes je n'en ferai rien. Je reconnaîtrai si l'on veut l'effort du musicien. Seulement lorsqu'on se range sans conviction à une doctrine, il est rare qu'on ne voie point paraître à plein l'artifice.

Il y a trois ou quatre belles pages : un prélude bâti sur le thème du désespoir de Werther et le thème de son aspiration au calme ; une scène exquise à la fin du premier acte ; une partie de la scène où Charlotte relit les lettres de son amoureux, au troisième acte, et une cantilène d'une poésie pénétrante : « Les larmes qu'on ne pleure pas. » La fin du premier acte surtout, avec son thème d'amour chanté par le violoncelle et repris à un demi-temps de distance par la flûte, est d'un rare enchantement. Là je retrouve le Massenet primitif, le Massenet d'autrefois. Admirez cependant ce rapprochement bizarre : ce motif est très voisin d'une phrase assez vulgaire de *Cavaleria rusticana.* M. Mascagni l'a traitée en écolier et M. Massenet en maître.

Je tiens d'ailleurs à constater que la partition de Werther est antérieure à celle de *Cavaleria.* Je dirai même en toute justice qu'elle a devancé les œuvres jouées ces dernières années où une tendance à l'intimité s'accuse.

FOURCAUD.

(*Le Gaulois,* 17 janvier 1893.)

LE CARILLON

Ballet en un acte

de MM. de Roddaz et Van Dyck

Première représentation à l'Opéra de Vienne, le 21 février 1892

OPÉRA DE VIENNE	LYON
	5 février 1896
BERTHA, Mlle Cerale.	BERTHA, Mlle Tornaghi.
KARL, M. Frappart.	KARL, M. Faraboni.

« La scène se passe à Courtrai au XVe siècle. L'horloger Karl aime et voudrait épouser la fille du brasseur Rombalt ; mais celui-ci ne veut pas d'un tel gendre et lui préfère Pit, le syndic de la corporation des ramoneurs, ou Jef le syndic de la corporation des boulangers, l'un ou l'autre au choix de sa fille, qui d'ailleurs fort éprise de Karl se fait un malin plaisir de les évincer. Les deux prétendants éconduits guettent l'occasion de se venger. Voici justement qu'un héraut du duc de Bourgogne paraît, annonçant que l'entrée solennelle de son maître aura lieu le lendemain et que si à dix heures du matin le carillon ne sonne pas l'horloger payera ce silence avec un temps de prison. Or le mécanisme de l'horloge est détraqué et Karl n'a plus le temps matériel pour faire les réparations exigées. Ne sachant à quel saint se vouer, il invoque celui de son église et Saint Martin dont la statue s'illumine, semble lui faire un signe protecteur.

Une vision surnaturelle s'offre à ses yeux ; les murs sont devenus transparents et dans l'air les anges sonnent eux-mêmes le carillon. Karl court au devant de Bertha, son amie, pour lui conter ce miracle ; mais profitant de son absence ses rivaux

Pit et Jef sont montés dans la tourelle et se hâtent de briser tout : Aussi quand le jour paraît, l'émotion devient générale. O merveille ! A l'heure dite le carillon résonne. Les anges se sont chargés sans doute de réparer les dégats et lorsque tombe le voile de l'horloge, on aperçoit Pit et Jef transformés par Saint Martin en : Jacquemarts ! ils devront pour toujours sonner l'heure, en frappant alternativement de leur marteau la grosse cloche de bronze qui surmonte le cadran. Rien ne s'oppose plus alors au mariage de Karl et de Bertha, qui tombent joyeusement dans les bras l'un de l'autre, tandis que le carillon sonne à toute volée.....

Quant à la partition de Massenet, on peut dire qu'elle est en son genre un petit chef-d'œuvre. Et le fait n'étonnera personne, si l'on songe aux délicieux ballets, dont il a toujours pris soin d'émailler ses opéras depuis le Roi de Lahore jusqu'au *Mage* en passant par *Hérodiade* et *le Cid*. Heureux choix du motif, ingéniosité de l'agencement, richesse et variété des timbres, autant d'atouts dans son jeu, qui lui assurent le gain de la partie. On pourrait citer comme particulièrement réussis ; l'entrée des corporations, la danse moqueuse de Bertha, le duo d'amour écrit pour violon et violoncelle avec accompagnement de pizzicati, l'apparition des anges et la scène finale, pleine de mouvement et de couleur. La vérité est qu'on a tout goûté et tout chaleureusement applaudi.

Un tel ballet avec ses raffinements d'harmonie et d'instrumentation, écrit selon les principes de la symphonie moderne devait dérouter, au premier abord, un auditoire habitué aux valses de Straus et aux mélodies vulgaires qui là-bas alimentent tous les ballets à la Mode, comme la *Fée des poupées* ou *Soleil et terre*. Mais la surprise a bientôt fait place à l'admiration et l'on a compris que depuis Léo Délibes nul n'avait animé la danse avec plus de finesse et soutenu la marche de la pantomine avec plus d'esprit que Massenet.

CHARLES MALHERBE.

(*Le Monde Artiste*, 28 février 1892).

Ce ballet a été improvisé en quelques semaines. C'est une œuvre sans prétention et sans grande valeur, qui ne se recommande pas par une originalité bien marquée. Le thème du carillon, qui joue un grand rôle dans l'action scénique, aurait notamment pu être plus ingénieux. On peut citer les deux valses, la pantomine à rythme boiteux de Pit et de ses ramoneurs et l'ensemble brillant de l'arrivée de la foule, au lever du jour.

GEORGES SERVIÈRES
(*La Musique Française Moderne*, 1897).

LE MAGE

Opéra en cinq actes et six tableaux

Livret de Jean Richepin

*Première représentation à l'Académie Nationale de Musique,
le 16 mars 1891*

VARÉDHA,	Mmes Fiérens.		LE ROI,	MM. Martapoura.
ANAHITA,	Lureau-Escalaïs.		UN PRISONNIER,	Affre.
ZARASTRA,	MM. Vergnet.		UN HÉRAUT,	Douaillier.
AMRON,	Delmas.		(Danse : Mlle Rosita Mauri.)	

MM. Duc et Escalaïs chantèrent successivement le rôle de Zarastra.
Le 27 juillet 1891, Mlle Bosman reprit le rôle d'Anahita, et le 21 août,
Mme Domenech, le rôle de Varedha. Mlle Hirch remplaça également, par
la suite, Mlle Mauri.

Le *Mage* eut trente-deux représentations en 1891.

Il n'en est pas des collaborations comme des mariages.

Si l'opposition des tempéraments est favorable à ceux-ci,
la conformité des aptitudes est, au contraire, nécessaire à
celles-là. La tâche du librettiste consiste à rechercher la voie
la plus favorable au compositeur et à l'y conduire, après l'avoir
parée de toutes les séductions d'images et de rythme de sa
poétique. L'entente complète est nécessaire ; entente de tendances intellectuelles ; les unes s'imposant comme la consé-
quence naturelle des autres.

La collaboration Richepin et Massenet n'offrait pas ces ga-
ranties. Le poète est un sanguin, un violent ; le musicien, un
nerveux, plus voluptueux que vraiment tendre. Le danger
m'apparut tout aussitôt en ce mariage d'idées de deux hommes

ennemis par la loi de nature. Lequel devait s'imposer à l'autre ? Le sanguin étoufferait-il le nerveux, ou s'épuiserait-il au contact de ce dernier d'un sensualisme toujours plus inquiet plus affiné ? Le système des concessions mutuelles a prévalu. Il en est résulté *le Mage*, une œuvre intéressante mais trop peu sincére, dans laquelle chacun des deux collaborateurs a voulu parler le langage de l'autre : M. Massenet s'efforçant d'être violent, presque brutal ; M. Richepin, s'essayant à cette manière de volupté qui n'est pas sienne ; compositeur et poète se diminuant ainsi, sans atteindre à cette communion de sentiments qui leur reste impossible.

Au lieu de ces guerriers touraniens, hirsutes et avides de vengeance, brandissant à travers les flammes leurs formidables massues, comme je préférerais pour M. Massenet quelques peuplades de la Grèce antique, chantant les sensations des étreintes amoureuses, durant les crépuscules de ces nuits sans ténèbres où flotte le regard diamanté des étoiles ; une idylle dans le lointain des âges d'or que traverserait, sans l'absorber, un drame de passion intime. Le Massenet des *Érinnyes*, si personnel, si pittoresque, le Massenet de *Marie-Magdeleine*, d'*Ève*, du *Roi de Lahore*, de *Manon*, avec sa sensibilité fébrile, son expansion irrésistiblement enjôleuse, la sonorité de ses harmonies troublantes et ces enlacements d'instruments d'où montent comme des soupirs humains, quel poète nous le rendra assagi encore par la pleine maturité d'un talent dont chacun proclame la maîtrise incontestable !

C'est parce que Musset sut rester Musset qu'une place lui sera toujours gardée dans notre souvenir. Il a chanté l'amour à sa façon, comme il le ressentait, et des générations entières d'amants et d'amantes ont vibré avec lui et vibreront encore, tant que la jeunesse saura rester jeune et que les bras se fermeront sur les bras, au rythme des baisers sincères.

Le musicien des *Poèmes* que l'on sait est de la famille du poète des *Nuits*. Pourquoi chercherait-il à renier une parenté que tant d'autres envient, sans pouvoir comme lui justement y prétendre ?

. . . .

Tel est le poème du *Mage*. Nous l'attendions autre de Jean

Richepin. Ce poème, dans lequel les situations musicales abondent du reste, a le tort de rappeler les scènes capitales d'*Aïda*, de la *Favorite* et de l'*Africaine*. De plus, il manque d'attitude, de portée morale ; un reproche que ne devrait pas encourir un puissant comme le barde inspiré des *Gueux* et de la *Mer*. Ce Zarâstra, dont nous avons signalé la parenté avec quelques héros connus du répertoire d'opéra, a des ascendants plus haut placés encore ; tenté comme saint Antoine, ignifugé comme Joseph, hésitant entre son dieu et sa maîtresse, cruel au désir des autres, mais clément aux siens, il finit en défroqué et non en Mage. Si nous avons en M. Richepin critiqué l'architecte dramatique, le librettiste, nous tenons à louer hautement le poète qui, une fois de plus, a su affirmer l'éloquence de son lyrisme ardent et coloré.

Aux prises avec un poème tout de *faits*, dans lequel l'auteur se refusant à dessiner un *caractère*, n'a fait se mouvoir plus ou moins logiquement que des *personnages*, le compositeur ne pouvait exercer la psychologie musicale dont il est susceptible. *Le Mage* diffère d'*Esclarmonde*, mais ne recommence pas le *Cid*. Ici, pas de *leit-motiv* ; à peine quelques rappels de phrases, mais aussi pas de morceaux ni de ritournelles. *Le Mage* n'est pas un drame lyrique, la faute en remonte au poète ; ce n'est pas davantage un opéra, mais une suite de peintures musicales, les unes exquises, les autres puissantes, plusieurs inégales ou graciles suivant l'occasion.

Le premier acte par exemple est à louer tout entier. Pourquoi ? parce que le poète, sans le vouloir, a favorisé en leur expression les deux aptitudes naturelles du musicien. Nous y retrouvons, en toute la fraîcheur de sa verve, le Massenet pittoresque et amoureux. Les trouvailles mélodiques et harmoniques abondent dans cet acte où, sans violence, d'une main délicate et ferme, le musicien sait exprimer avec un égal bonheur la mélancolie douloureuse des captifs touraniens et les amours si distinctes des deux héroïnes, Varedha et Anahita.

Sans méconnaître les élans dramatiques du premier tableau et les sonorités puissantes du second, j'ai moins goûté le deuxième acte. Peut-être le souvenir persistant d'*Aïda* n'était-il pas sans influence sur cette impression.

Dans le troisième acte, au début tout au moins, le public n'a vu que les éclairs, n'a entendu que les éclats du tonnerre, écoutant à peine le chant de Zarâstra, descendant de la montagne sacrée, et la mélodie « O ciel d'Aboura, beau ciel d'or en feu ! » Ici, la mise en scène pèse sur la musique et l'écrase. Les chants de Zarâstra ont la religiosité délicieusement humaine et intime de ceux de Jésus de *Marie-Magdeleine* et de Jean d'*Hérodiade*. Leur charme se perd, leur parfum s'évapore en ce décor immense, qu'emplirait à peine le Moïse du Sinaï. L'attention renaît moins distraite avec l'arrivée de Varedha. Le librettiste a commis une faute en reprenant sans complication nouvelle la situation du premier acte. Le musicien la lui a fait pardonner par l'accent passionné et poétique encore des supplications de la prêtresse de Djahi, cette malheureuse quêteuse de voluptés toujours refusées.

Le ballet du quatrième n'a pas la valeur symphonique des ballets du *Roi de Lahore* et d'*Hérodiade*. Dans la scène du mariage qui suit, les applaudissements, ont relevé la phrase d'Amrou « Fais fleurir, ô sainte ivresse » et l'adorable évocation d'Anahita « Vers le steppe aux fleurs d'or ». Le final de cet acte, qui rappelle le chant touranien, est d'une *furia* véritablement *francese* quoique exprimant les férocités touraniennes.

Nous répéterons pour le cinquième acte ce que nous avons dit pour le troisième. Là encore, le spectacle absorbe la musique ; la féerie tue l'opéra. Ce n'est qu'après avoir plusieurs fois regardé, que le public écoutera le prélude et le duo d'amour se terminant par un court et véhément trio. Pour cette raison, *le Mage* obtiendra surtout les faveurs des abonnés qui, plus que les autres, auront cette facilité de satisfaire leurs oreilles après avoir gorgé leurs yeux.

A. LANDELY.

(*L'Art musical*, 31 mars 1891.)

Je commence à croire que ce Massenet a trop de talent et pas assez de génie. Sa souplesse m'inquiète et sa poétique est tellement flottante que je ne sais plus où la fixer.

Il me semble pourtant que l'assentiment du public avait indiqué au jeune maître la route qui devait le conduire sûrement au succès.

Chaque fois qu'il a sincèrement exprimé son sentiment, — un peu trop raffiné peut-être — le public s'est pâmé. Dans le domaine de la grâce et du charme, il n'a pas de rival. Sa musique est « fin de siècle » et sa mélodie d'une exquise déliquescence.

Mais que voulez-vous ? Ce nerveux a l'ambition d'être un puissant et un fort. Or, comme il est doué mieux que personne et qu'il a du talent à revendre, il se fait illusion à lui-même et en impose à ceux qui l'écoutent. Alors il froisse rageusement les cymbales, souffle à pleins poumons dans les cuivres et tape à tour de bras sur la grosse caisse. C'est du bruit, de la sonorité, si vous le préférez, pleine d'effet je l'accorde volontiers, mais ce n'est jamais cette éloquence grandiose et suprême qui se manifeste, dans l'inspiration des maitres.

VICTOR WILDER.

(*Gil Blas*, 18 mars 1895).

Le Mage, s'il n'est point le chef-d'œuvre de l'auteur de *Marie-Magdeleine* est un ouvrage dans lequel se retrouvent toutes les qualités du maître et surtout la clarté, la grande qualité française, que l'on cherche à détruire. Quant à l'orchestration, nous ne croyons pas qu'il en existe dans les œuvres de ce temps de plus moderne, ni de plus intéressante.

INTÉRIM.

(*Le Figaro*, 18 mars 1891).

M. Massenet a écrit une œuvre sérieuse et séduisante à la fois, qui marque encore d'un pas en avant, sa marche ascendante vers le grand drame lyrique, tel que le conçoivent les idées modernes.

ARMAND GOUZIEN.

(*Le Rappel*, 18 mars 1891).

Disons-le nettement ; *Le Mage* accuse un sérieux effort. Le nouvel ouvrage de Massenet est en général d'un style plus serré que ses aînés. On y découvre parfois plus de souci de la vérité dramatique et l'union y devient plus intime entre les vers et la musique.

FOURCAUD.

(*Le Gaulois*, 18 mars 1891).

M. Massenet — ce n'est pas moi qui lui en ferai le reproche, — paraît de moins en moins vouloir s'attacher de façon exclusive à une école.....

Les « wagnériens » crient à la banalité et les italiens se plaignent de la sobriété parfois excessive des idées mélodiques dans le chant.

Mais les uns et les autres devront, avec le public, rendre justice à ce qui est particulier à M. Massenet, c'est à dire une grande bonne grâce, l'éclat de l'orchestre et souvent une inspiration tendre et voluptueuse, à l'impression de laquelle on ne résiste pas.

HENRY FOUQUIER.

(*Le XIXe Siècle*, 18 mars 1891.)

Massenet est un doux rêveur, que la Muse visite lorsque ses pas s'égarent sous les ombrages discrets ou dans les sentiers fleuris, mais auquel elle tient rigueur dès qu'il s'avise de vouloir escalader les cimes. Quoi de plus troublant, dans la gamme attendrie, que cette cantilène du dernier acte du *Mage*, délicieusement dialoguée par Anahita et Zarastra :

> Viens, je bénis tes pleurs,
> En baisant tes longs cils d'or,
> Pour voir tes yeux en fleurs
> Fleurir encor.

Voilà du Massenet du bon coin.

ELY-EDM. GRIMAUD.

(*Les Annales politiques et littéraires*, mars 1891.)

On ne voit point qu'un pas en avant ait été fait, et, au milieu de ces batailles d'écoles, le mot entendu dans les couloirs est assez spirituellement juste, qui dit que c'est là de la « Musique opportuniste »

PAUL GINISTY.

(*Petit Parisien*, mars 1891.)

Pourquoi l'aimable et gracieux maître, le mandoliniste charmeur ne se contente-t-il pas de boire dans son verre, un joli verre taillé à facettes, plein de sirop parfumé à l'essence de roses ? Quelle imprudence d'aspirer à larges traits le hanap de Bayreuth quand son estomac délicat refuse de s'assimiler cette puissante ambroisie !

HENRY BAUËR.

(*Echo de Paris*, mars 1891.)

Si le poème est insuffisant, la musique n'est pas beaucoup meilleure. La nouvelle partition de M. Massenet vaut mieux que le *Cid*, mais demeure très au-dessous d'*Esclarmonde*.

A. ERNST.

(*La Paix*, mars 1891.)

Cette partition du *Mage* est abondante en idées, riche d'inspirations mélodiques. Le musicien foulant aux pieds les vieux moules, s'est abandonné à son propre génie, sans se soucier de formes, jusqu'ici trop exclusivement admises par l'Opéra. Il a fait œuvre personnelle et s'est efforcé d'unir davantage par un lien symphonique, l'orchestre à la scène. Certes, il serait facile de citer dans cette partition plus d'une page, où Massenet s'est élevé jusqu'au sublime, où il a trouvé des accents d'une pénétrante sincérité pour traduire dans sa langue imagée les situations qui lui étaient offertes. Mais ce qu'il faut surtout noter, c'est que dans son orchestre, le drame marche, agit dans une communion intime avec les évènements de la scène.

E. STOULLIG ET NOEL.

(*Les Annales du Théâtre de la musique*, 1891.)

... M. Massenet au contraire a le grand tort d'essayer alternativement de toutes les voies et de ne persévérer dans aucune. Avec une habileté extraordinaire, un don d'assimilation rare, une note mélodique bien particulière, il n'arrive qu'à charmer un temps le publiciste très facile à se laisser séduire, et n'a pas encore écrit l'œuvre vraiment forte et personnelle qu'on serait en droit d'attendre. Et voilà bien longtemps qu'on l'espère . . . .

Le Mage, il n'y a pas à dire, est un des opéras les moins intéressants qui soient sortis de la plume de M. Massenet, justement parce qu'il est revenu simplement à cette mélodie coulante, mièvre et sensuelle qui plaît le plus facilement du monde au public de nos jours, et qu'il ne paraît pas avoir eu aucun autre objectif que d'enlever quelques bravos au plus vite ; est-ce que par hasard il aurait fait cet ouvrage encore plus rapidement que d'habitude et pour devancer à tout prix. *Salammbo* ?

Des amis dévoués nous avaient annoncé « qu'il emploierait là toutes les ressources de son imagination si poétique et si colorée, toute sa science et le résultat de vingt années d'expérience du théâtre, qu'il y mettrait sa nervosité, et cette tendresse infinie qui touche si bien le cœur des femmes. » Cet appel aux bravos féminins ne restera pas sans doute inefficace et je conviens qu'il y a de la tendresse dans plusieurs phrases d'Anahita et de Zarastra, qui roucoulent deux duos tout à fait propres à se chanter dans les salons.

Ce qu'il y a de mieux dans le rôle de Zarastra et j'ajouterai dans tout l'opéra, c'est la prière que les cuivres avec sourdines au pavillon chantent pour lui quand il s'agenouille au pied de la montagne sainte et qu'il invoque Ahoura Madza.

ADOLPHE JULLIEN.

(*Musiciens d'aujourd'hui*, 1892.)

Ainsi que Salomé ressemblait à Marie-Magdeleine, Anahita roucoule des romances qui convenaient admirablement à Manon. Les cris de guerre détonent dans sa bouche, elle manque de vocation pour les Hojotoho des Walkyries. Quant au roi Iranien, quant au grand prêtre Amrou, ils n'existent même pas, ce sont de simples fantoches ; le dernier, dénué de toute conviction musicale, évolue d'un duo à la Verdi, à un air à la Gluck dont le style paraît bien déplacé dans le sanctuaire si profane de la Djahi.

Cependant il faut louer en cette partition du *Mage* la coupe scénique des divers tableaux, très courts, aux récits inutiles très clairs et parfois d'une jolie couleur, tel le premier par exemple avec le lamento des captifs et le réveil au camp, l'air de Zarastra, au cinquième acte, où l'on retrouve l'accent mâle des Erinnyes, une jolie altération rythmique du duo du premier acte rappelé au dernier, sous les paroles : « *N'entends que ma voix* » et quelques accents vrais dans le rôle de Varedha qui donna à Mme Fiérens l'occasion d'un brillant début à l'Opéra.

GEORGES SERVIÈRES.

(*La Musique française moderne*, 1897).

THAÏS

Comédie lyrique
en 3 actes et 7 tableaux

Poème de L. Gallet,
d'après
le roman d'Anatole France

Première représentation au Théâtre National de l'Opéra,
le 16 mars 1894

OPÉRA		BRUXELLES 7 mars 1896	MONTPELLIER 19 décembre 1896
ATHANAEL,	MM. Delmas.	MM. Seguin.	MM. Bégué.
NICIAS,	Alvarez.	Isouard.	Audisio.
PALÉMON,	Delpouget.		Rougon.
THAÏS,	Mlles Sybil Sanderson.	Mlle Georgette Leblanc	Mlles Erard.
CROBYLE,	Marcy.	(Le rôle fut modifié pour elle par Massenet.)	E. Dupont.
MYRTALE,	Héglon.		
ALBINE,	Beauvais.		Telska.

BORDEAUX Novembre 1896		TOURNAI 1897
ATHANAEL,	M. Sentein.	M. Leroy.
THAÏS,	Mlle Georgette Leblanc	

Thaïs a eu, à l'Opéra, vingt-sept représentations en 1894, et quatre en 1895.

Mlle Berthet devint, à la reprise, titulaire du rôle de *Thaïs*.

Le 1er avril 1897 eut lieu au théâtre de Montpellier, un festival *Massenet* avec le concours de M. Delmas, de l'Opéra.

On donna *Thaïs* et *La Navarraise*, avec la distribution suivante :

THAÏS

ATHANAEL,	MM. Delmas.	THAÏS,	Mmes Erard.
NICIAS,	Audisio.	CROBYLE,	Emilie Dupont.
PALÉMON,	Rougon.	MYRTALE	Telska.
		ALBINE	

La Méditation du 3e acte, fut jouée par M. Carles.

Massenet assistait à la représentation et fut l'objet d'ovations sans fin.

1669 | **TH. NATIONAL DE L'OPÉRA** | 1894

Les Bureaux seront ouverts à **7** h. **1/2** — On commencera à **8** heures

AUJOURD'HUI VENDREDI 16 MARS 1894

DÉBUT DE **M**lle **SIBYL-SANDERSON**

PREMIÈRE REPRÉSENTATION

THAÏS

Opéra en TROIS actes et SEPT tableaux

Décors 1er, 5me, 6me, 7me tableaux, M. JAMBON. — 2me, 3me, 4me tableaux, M. CARPEZAT. — Costumes dessinés par M. CH. BIANCHINI.

Thaïs, **M**lle **SIBYL-SANDERSON**

Athanael **M. DELMAS**   Nicias **M. ALVAREZ**   Palemon **M. DELPOUGET**

Crobyl **M**me **MARCY**   Myrtale **M**me **HEGLON**   Albine **M**lle **BEAUVAIS**

MM. LAURENT, GALLOIS, IDRAC, DEVRIÈS, EUZET, LACOME, DENOYÉ
PALIANTI, DHORNE, BOURGEOIS, PERRIN, BALAS, MARTIN

Au 3me Acte, Scène de **LA TENTATION**, réglée par M. HANSEN

Mlle **MAURI**

Mlles VIOLLAT, VANGOETHEN, SANDRINI, SALLE, BLANC, GALLAY
TRELUYER, H. RÉGNIER, J. RÉGNIER, CHASLES, VANDONI
PERROT, MESTAIS, BOOS, RAT, A. PARENT, P. RÉGNIER, CHARLES
MANTE, MONNIER, GRANGÉ, MONCHANIN, PIRON
MM. LADAM, LECERF, STILB, MARIUS, GIRODIER, REGNIER, JAVON

DEMAIN SAMEDI 17 MARS

BAL MILITAIRE

LUNDI 19 et MERCREDI 21 MARS

2me et 3me Représentation, **THAÏS**

Le Bureau de Location est ouvert à l'Opéra, côté gauche de la façade, de 10 heures à 7 heures.

On savait déjà le *ver* blanc nuisible à l'agriculture ; on saura désormais que le *vers* blanc (avec une *s*) est non moins nuisible à la musique.

Au vrai, prose et vers me sont bien indifférents ; mais j'entends au moins qu'on me serve l'un ou l'autre, et c'est pourquoi je réprouve cette langue maître Jacques, insexuelle au premier chef, qui va comme elle peut, sans savoir où, et qui, — c'est vraiment le cas de le dire, — ne rime à rien, n'ayant même pas l'excuse vaillante des tendances qu'elle affiche...

Je dirai brièvement ce poème, puisqu'aussi bien il est bref ; et je le dirai assez clairement pour montrer combien vaine fut l'idée du musicien qui le considéra, en un jour d'évidente aberration, comme capable de détenir en soi toute la matière indispensable à l'expansion lyrique dont ne saurait se passer un sujet d'opéra.

Athanaël, un ex-philosophe aimable de l'Alexandrie décadente, — appelons-le un fêtard désabusé, — s'est converti à la catholique religion — et est venu, subitement, augmenter de sa personnalité repentie le nombre de ces cénobites qui peuplent le désert thébaïque dont Antoine, — par sa tentation célèbre — et Siméon le stylite, — par sa position désobligeante, — demeurent pour nous, grâce à l'autorité du témoignage des hommes, les spécimens aussi accomplis que surprenants.

Mais Athanël a connu Thaïs, et, en sa foi nouvelle, qui arde de prosélytisme, il rêve d'arracher Thaïs à une vie de débauches et, en la convertissant, de la ramener au Seigneur. Il part pour Alexandrie, arrive chez son ex-ami Nicias, un gentil épicurien, fin de ce siècle-là, et, actuellement, protecteur attitré de l'ineffable Thaïs. Là, il prêche si bien, — et si mal pourtant, car il n'est pas Polyeucte, oh non ! — que Pauline-Thaïs quitte, sans presque une hésitation, ses palais somptueux et sa vie de bâtons de chaises (y avait-il des chaises et les chaises avaient-elles des bâtons) ? pour aller, dans le désert, revêtir la blanche robe des nonnes blanches.

Là-dessus Athanaël, satisfait de son œuvre, et louant le Seigneur, revient à sa cabane de cénobite esseulé. C'est alors qu'il s'aperçoit de cette vérité, éternelle celle-là, que si l'esprit est prompt la chair est encore plus faible. Il a des visions, des

rêves atroces, des tentations d'un libidinisme affolant (qui font
le sujet du ballet dans *Thaïs*). Il aime Thaïs, il la veut, il est
fou d'elle... fou jusqu'à l'érotomanie. Et il part dans la direction du couvent des nonnes blanches. Quand il y arrive, Thaïs
va mourir, — pourquoi ? On ne le saura jamais, — mais
mourir saintement, en vraie fille repentie.

Alors se déroule la seule scène réellement dramatique de
l'œuvre, la seule théâtrale au sens strict du mot. Thaïs meurt
en exaltant sa foi nouvelle, durant qu'Athanaël, satanique
désormais, crie sa passion inassouvie. Beau contraste d'opéra,
conclusion puissante d'une œuvre malheureusement traînante
et attardée, factice et sans possibilité d'émotions justifiées, en
raison même d'un poème qui croit vibrer, et qui ignore que le
son ne se propage pas dans le vide.

Car c'est une erreur énorme, et j'en suis, pour mon propre
compte, désolé.

Posséder les plus beaux dons d'artiste ; avoir en soi la vie
débordante ; détenir, en presque monopole, le charme et ses
exquises contagions ; être, pour tout dire d'un mot, la musique
même, et mettre tant et de si admirables qualités au service
du néant !

Léon Kerst.
(*Le Petit Journal*, 17 mars 1894).

Il demeure visible maintenant que M. Massenet est guidé
dans le choix de ses sujets par une idée fixe, obsédante, do-
minatrice de son œuvre, idée qui met en lutte la courtisane et
le prêtre. Thaïs est une nouvelle incarnation des amoureuses
célèbres déjà magnifiées en de procédents ouvrages par l'ardent
artiste. Elle est sœur de Manon, de Salomé, de tant d'autres,
quoique sanctifiée, et, quoique maudit, le Paphnuce de
M. Anatole France, devenu Athanaël sous la plume avisée de
M. Louis Gallet, est proche parent de Jean, du mage Zarastra
ou d'un non moins illustre fondateur de culte.

Plus désireux de déployer sa maîtrise mélodique et harmonique, d'utiliser ses merveilleux dons de descripif et son étour-
dissante virtuosité d'écriture que de créer des êtres dissembla-

bles, d'en scruter les caractères différents afin d'exprimer l'humanité particulière à chacun d'eux, M. Massenet n'est nullement gêné, comme on pourrait le croire, par cette similitude de personnages et de situations. Au contraire, sa personnalité n'en parut toujours que plus frappante, n'ayant pas à chercher des manières diverses de se manifester, et sa musique sembla dès lors d'indiscutable sincérité, d'une venue naturelle de l'esprit et des sens, jamais en repos.

Mais cette recherche évidente des mêmes types, cette volonté de les associer presque constamment à une pareille action dramatique n'exclut pas en M. Massenet le désir de varier la forme de ses poèmes. Il compte pour ainsi dire autant de collaborateurs que de pièces et il a bien soin de choisir ses camarades de gloire dans les camps littéraires les plus opposés. Aujourd'hui, il revient à M. Louis Gallet, le compagnon actif de ses débuts, l'associé direct de ses premiers succès, et ce rapprochement intellectuel nous vaut un libretto non seulement charpenté de main de maître, ce qui n'étonnera personne, mais encore conçu d'après un système poétique assez inusité, ce qui intéressera tout le monde.

ALFRED BRUNEAU.

(*Gil Blas*, 18 mars 1894).

Thaïs, selon notre appréciation, est bien une comédie-lyrique, ainsi que l'ont classée les auteurs et, en effet, l'étude de mœurs s'y trouve, au 2ᵉ et au 3ᵉ actes, suffisamment indiquée. De quel nom qu'on veuille l'appeler si l'action ne captive pas profondément, n'émeut pas au vrai sens du mot, on n'en suit pas moins les diverses phases avec intérêt et la personnalité capiteuse de *Thaïs* suffirait, à elle seule, pour tenir l'esprit en éveil.

La musique de *Thaïs* dégage un charme continu dont on ne se rend pas compte, parce qu'elle ne contient que très peu de morceaux à grand effet, mais on la subit, on se laisse bercer par elle avec le plus doux abandon. Les reminiscences, dans la partition, sont une exception ; on peut, si l'on veut, trouver des bouts de phrases mélodiques qu'on a déjà entendues dans d'autres ouvrages de Massenet, mais ces similitudes ne sont qu'apparentes, car la suite en modifie complètement l'expression. *Thaïs* est une œuvre originale, d'une portée tout à fait particulière, qui plaira aux dilettanti de notre ville et qui fournira, croyons-nous, longue carrière.

(*Petit Méridional*, Montpellier, 22 décembre 1896).

Il est probable que la partition de *Thaïs* va être l'objet de critiques auxquelles, d'après l'effet de la représentation, le compositeur doit être le premier à s'attendre. M. Massenet a, d'ailleurs, assez souvent trouvé le succès, et il est un artiste d'une trop incontestable valeur pour que la vérité ne lui soit pas due.

Ce que l'on reprochera à l'œuvre nouvelle, c'est, dans son ensemble, de manquer de relief. M. Massenet est tellement maître de sa pensée et de son écriture, qu'il a fait toujours la « musique qu'il veut ». On aimerait mieux lui voir commettre de temps en temps quelque grosse erreur, qu'il rachèterait par un de ces élans dont on n'est pas maître. Il y a de ces pages inspirées dans *Werther* — son chef-d'œuvre peut-être — il ne s'en rencontre pas dans *Thaïs*, où tout est bien, mais dont aucune partie ne se détache puissamment.

Peut-être aussi la production de M. Massenet est-elle trop hâtive et force-t-il son inspiration à couler trop régulièrement. De là des répétitions de formules dont nous ne lui ferions pas un crime, car qui n'a pas de formules ? — Gounod, Schumann, Wagner lui-même ont les leurs — mais lorsque ces répétitions s'attachent au caractère même de la mélodie, elles arrivent parfois à côtoyer la réminiscence.

Une autre cause, peut-être, a nui à la contexture générale de la partition de *Thaïs* : nous croyons qu'elle avait été écrite en vue de l'Opéra-Comique, ce qui expliquerait qu'elle n'a pas toujours l'ampleur de facture qui convient au cadre de l'Opéra, même lorsqu'une pièce, comme *Thaïs*, n'a que deux personnages principaux.

Malgré ces restrictions, il ne faudrait pas croire que les pages charmantes soient rares dans l'œuvre nouvelle. Le premier tableau tout entier, — le repos des Cénobites et la scène d'Athanaël s'éloignant, pendant que les frères prient pour lui — est un petit poème complet et d'une couleur exquise.

CH. DARCOURS.

(*Le Figaro*, 17 mars 1894.)

Il n'importe ! Même en cette insuffisante et superficielle disposition du poème, la musique pourrait être grande, au moins dans les scènes capitales entre la courtisane et Athanaël. Elle ne l'est point. M. Massenet est, certes, un musicien des mieux doués, des plus habiles. Il a plus de qualités qu'il n'en faut pour faire des chefs-d'œuvre. Que lui manque-t-il ? — Deux vertus : la simplicité de l'esprit qui se recueille en face des manifestations humaines condensées dans une fiction, et l'oubli du public. Sa recherche de l'effet est constamment sensible. Désir de plaire, désir d'étonner : c'est tout un. J'ignore ses façons pratiques de procéder ; je ne le vois que trop exclusivement préoccupé de l'extérieur d'un drame. Qu'il emploie ou non le *leit-motive*, ses scènes sont petitement construites, par contrastes voulus et soulignés, sans haute vue musicale, sans claire conscience des points culminants. Son art ménage des places pour l'applaudissement et le sollicite. Le *plaudite, cives*, est devenu son obsession.

Je ne lui reproche pas de n'être point wagnériste : il l'est bien plus qu'il ne l'avoue et qu'on ne le dit. C'est à Wagner qu'il a emprunté les motifs conducteurs, la forme générale des scènes et l'idée même des épisodes symphoniques narratifs dont il a pris, depuis *Esclarmonde*, l'habitude d'entremêler ses partitions. Je lui reprocherai bien plutôt, au fond, de demander au maître de Bayreuth des artifices, quand les vraies leçons de l'auteur de la *Walkyrie*, assimilables à tous les tempéraments, portent, essentiellement, sur l'unité du drame, considéré du dedans au dehors. On se passerait fort bien, par exemple, de l'intermède du second tableau, intitulé

Alexandrie, et qui dérive, bien singulièrement, de la fameuse Chevauchée des filles de Wotan. Mais passons.

Je ne fais pas un grief à M. Massenet de son italianisme à la Verdi. Voyez, notamment, la dernière scène de *Thaïs*. Je ne fais pas compte des impressions à la Gounod qu'il prodigue. Tout cet éclectisme, mêlé de négligence de pensée, nous trouverait indulgents si nous avions devant nous une franche construction dramatique. Mais nous n'avons que des placages de mélodies et de symphonies plus ou moins ingénieuses, plus ou moins heureuses sur des situations données. Autrement dit, ce n'est pas l'édifice qui apparaît aux yeux : c'est sa décoration.

FOURCAUD.

(*Le Gaulois*, 17 mars 1894).

Le curieux, c'est — à travers l'inspiration d'un compositeur raffiné, nerveux et impressionnable, de sensations toutes parisiennes et modernes, singulièrement accessible aux ambiances — de suivre les transformations du type de Thaïs. Ce n'est plus la courtisane de race grecque frappée par la venue du solitaire et subitement touchée de la grâce ; c'est une horizontale lassée, en qui l'habitude a tué le désir et le plaisir ; c'est une aimable créature molle et veule, fatiguée de sa paresse, du recommencement des mêmes travaux et des mêmes bizarreries. Le dégoût du dieu d'amour la tourne à l'amour de Dieu et le cloître est un endormeur de son ennui et de sa lassitude comme la morphine fait pour d'autres, ses pareilles.

Cette Thaïs parisienne est peinte des couleurs d'une musique légère et délicate, marquée d'élégance et de grâce. Discrètement souriante et railleuse à l'entrée de la courtisane, elle fond en accords pâmés, murmure ses câlineries et ses voluptés prometteuses au duo avec Athanaël et se teinte de douceur ineffable, de torpeur délicieuse durant l'intermezzo dans la montée de l'adorable chant des violons qui frémit comme un baiser de grâce sur les yeux de Thaïs touchée de la foi nouvelle.

Exquis de légèreté et de morbidesse sensuelle, le type musical s'achève dans la cantilène sur la statuette d'Eros, d'une mélancolie si distinguée, d'un sentiment si fin, d'une douceur, ah ! combien pénétrante ! C'est l'endroit le plus charmeur de tout l'ouvrage. La tenue du personnage demeure jusqu'à la mort au cloître, sourire de résignation enivrante, soupir de délivrance du monde de l'ennui, contentement de ne plus être. C'est, commenté par la musique, l'anecdote de La Vallière au couvent à qui Bossuet demandait : « Eh bien ! Madame, êtes-vous satisfaite ? — Non ! dit-elle, je suis contente ! »

H. BAUER.

(L'Echo de Paris. 18 mars 1894).

Une question que je me borne à signaler à mes lecteurs, c'est le rôle joué dans la nouvelle pièce de M. Gallet par le mysticisme monacal. Partisan sévère du respect dû à la religion et aux religions, j'ai critiqué *Hérodiade* en ce que le judaïsme et le christianisme pouvaient n'en être point entièrement satisfaits. D'ailleurs, ces questions de détail n'occupent guère le grand public. Nous savons parfaitement qu'une pièce absurde ou peu logique peut ne point le choquer, si elle l'intéresse et l'émeut par ses côtés dramatiques ou spirituels. Je ne puis donc absolument rien préjuger du succès de *Thaïs*.

L'ouvrage est divisé en trois actes ; il n'y a réellement que deux actes avec un prologue, les deux actes proprement dits comprenant chacun trois tableaux. Dans la tétralogie de Wagner, *Rheingold* forme le prologue ; il fait l'histoire de la faute commise par Wotan, ayant recours a la ruse et la violence, lui qui était chargé spécialement de faire respecter les traités et les conventions. Les embarras dans lesquels il se jette ensuite et les catastrophes qui en résultent sont les conséquences d'une première faute. De même, l'action de *Thaïs* résulte de de ce fait posé dans le prologue : un jeune cénobile est scandalisé de l'empire exercé par une comédienne-courtisane ; il veut la convertir et en faire une épouse de Jésus ; un vieux cénobite lui dit sagement : « Ne nous mêlons jamais aux gens du siècle ; craignons les pièges de l'Esprit ! » Toute l'action est dans ces mots ; la comédienne est sauvée, du moins dans le sens monacal. Son sauveur est arrêté bien malgré lui sur le bord de l'abîme par l'obstacle qui arrête Fernand à la fin de la *Favorite*.

J. WEBER.

(*Le Temps*, 19 mars 1894.)

LE PORTRAIT DE MANON

Opéra-Comique en un acte

Livret de Georges Boyer

Première représentation, à l'Opéra-Comique, le 8 mai 1894

OPÉRA-COMIQUE

Desgrieux, MM.	Fugère.	Aurore,	Mlles Laisné.
Tiberge,	Grivot.	Jean,	Elven.

GAND	LE TRÉPORT	TOULOUSE
Février 1897	Août 1894	Avril 1896
Desgrieux, MM. Vérard.	MM. Dupuis.	MM. Corin.
Tiberge, Gamy.	Launay.	Juteau.
Aurore, Mmes Djella.	Mlles Créhange.	Mmes Ribes-Tournié.
Jean, La Fuente.	Michelez.	Albouy.

Le *Portrait de Manon* eut à l'Opéra-Comique, quinze représentations en 1894, six en 1895.

Une bluette direz-vous ; oui sans doute, mais une bluette réussie de tout point. L'idée du librettiste est charmante et a fort heureusement servi le musicien, nous prouvant en quelques pages exquises et finement orchestrées, que le Massenet d'aujourd'hui, excelle toujours à traduire les sentiments du cœur et les frais poèmes d'amour. Il faut voir avec quel art, quel goût et quelle délicatesse, avec quelle science et avec quel bonheur il a justement et mélancoliquement ramené les motifs de Manon ; écoutez dans cette note le premier air de Desgrieux, évoquant les souvenirs du passé, où la phrase d'entrée de Manon revient avec tant de persistance et de saveur. Et remarquez je vous prie le spirituel accompagnement descriptif du couplet de Tiberge.

Noel et Stoullig.

(Annales de la musique et du théâtre, 1894.)

La partitionnette de M. Massenet est un vrai bijou, finement ciselé, d'une grâce exquise. Au début, lorsque Des Grieux évoque les souvenirs du passé, reparaissent, avec un art consommé et une délicatesse de sentiment vraiment attendrissante, les motifs de *Manon* ayant trait aux diverses péripéties de ses amours d'autrefois. La leçon d'histoire romaine est très spirituellement traitée ; tandis que le jeune vicomte ânonne comme un écolier les exemples de vertu et de continence de Scipion l'Africain, l'orchestre fait entendre un léger accompagnement à la forme scolastique du plus piquant effet. Le petit solo de Tiberge : « Dans le puits où jadis logeait la vérité », est d'une gaieté tout à fait plaisante. Le motif court alerte en notes piquées, sur un dessin des instruments de bois, pénétré çà et là de pizzicati des instruments à cordes qui en accentuent le rythme railleur.

Le portrait de Manon restera certainement au répertoire de l'Opéra-Comique.

VICTORIEN DE JONCIÈRES.

(*La Liberté*, 13 mai 1894.)

M. Massenet a cru, cette fois-ci, devoir mettre un peu de dialogue parlé, lui qui l'a supprimé très indûment dans *Kassya*.

La manière dont il a employé le dialogue n'est pas nouvelle et elle n'est pas bonne. Un morceau de chant commence ; tout à coup il est interrompu pour laisser dire quelques mots parlés. Un autre morceau s'arrête : vous croyez qu'il est fini, un personnage continue en parlant un peu, puis il se remet à chanter quelques mots. Il me semble voir là un des effets d'une mauvaise influence de Wagner ; il y en a eu une bonne, mais elle est finie.

C'était une des utopies de Wagner de vouloir que l'auditeur se préoccupât avant tout de l'action scénique, et il ne cachait pas son mécontentement, quand il voyait, par exemple dans *Tannhœuser*, le public prendre plaisir à tel ou tel morceau, sans s'indigner le moins du monde des tendances perverses de l'amant de Vénus, ni s'apitoyer sur le sort de la malheureuse Elisabeth.

Croyez-vous que, lorsque Molière consultait sa servante, il lui lût une comédie en cinq actes d'un bout à l'autre, puis qu'il lui dît : « Maintenant, Brigitte, que vous avez bien écouté, que dites-vous de l'action? » Brigitte aurait répondu : « Ma foi, monsieur, l'action, quelle bête est-ce là ? » comme a répondu certaine cantatrice dont parle Grétry, et à qui le chef d'orchestre avait fait observer qu'elle n'allait pas en mesure.

Le public est comme cette servante ; il s'inquiète peu de savoir si une action théâtrale est bien logique, bien vraisemblable, pourvu qu'elle l'intéresse et l'amuse par l'enchaînement des scènes, les caractères des personnages, le dialogue et la musique. L'opéra sérieux ou comique nous en a fourni assez de preuves. Wagner lui-même, avec sa préoccupation de l'action, se livre à de longues conversations et à des tirades qu'admirent ses fervents adorateurs, mais qui ne charment nullement le public ordinaire. Aussi n'y a-t-il guère de directeurs de théâtre, même en Allemagne, qui ne se permettent des amputations sacrilèges dans ses partitions, dans *Lohengrin*, comme dans la *Valkyrie* et les *Maîtres chanteurs*.

Le dialogue a sa raison d'être dans l'opéra-comique, ainsi que je l'ai montré ; mais, en admettant qu'il ne soit pas logique de parler et de chanter alternativement, il est encore moins rationnel de mêler les fragments parlés et les parties chantées, comme l'a fait M. Massenet. Il a d'ailleurs laissé subsister si peu de dialogue qu'il aurait pu le supprimer. A mon avis, il a fait chanter des conversations qui auraient mieux valu en dialogue parlé.

Il y a dans sa musique d'excellentes parties que l'exécution ne m'a pas permis de saisir d'une façon assez suivie. Au commencement, il y a un chœur dans la coulisse, un air du chevalier ; je ne puis rien dire du duo des deux hommes, et le duo des amoureux m'a laissé si peu d'impression que je ne sais même s'il est chanté tout entier ; le commencement du moins s'y prêtait peu ; plus loin, il y a deux couplets d'Aurore. Dans la dernière partie de l'acte, il faut citer surtout un air de Desgrieux. En somme, c'est le rôle de Fugère qui a fait le plus d'effet, ce qui très probablement est dû à l'interprétation. Tout en rendant fort bien certaines parties de son rôle, Fugère avait adopté une émission vocale uniforme et un peu creuse qui donnait à Desgrieux un air maussade et monotone. Grivot est bon comédien, mais il a trop peu de voix pour que Tiberge eût le relief que j'aurais désiré. Je ne dirai rien des femmes. M. Massenet regarde peut-être son nouvel ouvrage comme une bluette à laquelle il n'attache pas une importance extrême.

J. WEBER.

(Le Temps, 14 mai 1894).

La musique du *Portrait de Manon* est proche parente de celle de *Manon*, et d'ailleurs la plupart des motifs essentiels de ce grand ouvrage reparaissent ici sans qu'on s'en plaigne ; il y a fort peu de dialogue, et les quelques répliques parlées où déclamées sont, comme dans *Manon*, accompagnées d'un gracieux babillage instrumental. Le premier morceau, en particulier, le monologue de Des Grieux revenant sur sa vie passée, est comme tissé de mélodies et de thèmes que notre oreille a vite reconnus. La page principale est certainement la scène où les jeunes amoureux examinent et rejettent tour à tour les divers genres de mort auxquels ils pourraient avoir recours : le début est fort agréable, avec une exagération de désespoir assez plaisante, avec de fines intentions pittoresques, et, si la chanson villageoise d'Aurore n'est pas exempte de maniérisme, la déclaration d'amour que Jean lui adresse et la réponse attendrie de la jeune fille sont tout à fait jolies, avec une instrumentation délicate. Et ce motif caressant reparaîtra vers la fin, pour sceller l'union des deux jouvenceaux, après que Desgrieux aura lancé contre l'amour des imprécations qui ne manquent pas d'énergie, après qu'Aurore, ou plutôt Manon ressuscitée, aura chanté le pouvoir de l'amour dans une mélodie quasi-céleste, accompagnée par les lointains murmures du chœur : il n'en fallait pas moins pour que Desgrieux, faiblissant devant cette voix de l'autre monde, unît les gentils amoureux.

Le Portrait de Manon, somme toute, est une pièce sans prétention, joliment tournée et facile à monter, que les auteurs destinent, paraît-il, aux petites scènes des villes d'eaux ou des casinos de bains de mer ; à l'Opéra-Comique, elle est agréablement jouée par MM. Fugère et Grivot (Desgrieux et Tiberge), par Mlles Elven et Laisné (Jean et Aurore)... Et M. Carvalho ne s'est sûrement pas trompé en pensant qu'elle ne ferait pas mauvaise figure à côté de *Cavqleria rusticana*.

ADOLPHE JULLIEN.

(*Le Journal des Débats*, 12 mai 1894.)

M. Massenet a des qualités de musicien, rares à tous égards, mais il faut bien convenir qu'il s'abandonne de plus en plus à sa facilité de produire. Je sais dans le trésor des légendes, un beau conte, où le filleul de plusieurs fées succombe au présent funeste d'un mauvais génie, qui l'a gratifié du don funeste d'aller toujours vite en besogne et d'être constamment satisfait de ses imaginations.

Que d'autres le flattent, il n'importe. Nous le supplions au nom de sa valeur même et en témoignage des souvenirs qui nous sont chers, de méditer le sens de la fable populaire. De lourds mécomptes dorment sous des succès apparents. Il ne tient qu'à lui d'en détourner l'éveil et de procurer à tous ceux qui voient ce qui est en lui, la joie de lui rendre justice.

Mais en vérité les heures comptent double au temps où nous sommes et pour viser le long avenir, il n'est pas trop tôt.

FOURCAUD.

(*Le Gaulois*, 9 mai 1894.)

LA NAVARRAISE

Première représentation à Covent-Garden, Londres, le 20 juin 1894

	LONDRES 20 juin 1894	BRUXELLES Décembre 1894	OPÉRA-COMIQUE 8 octobre 1895
ANITA,	Mlle Calvé.	Mlle Georgette Leblanc	Mlle Calvé.
ARAQUIL,	MM. Alvarez.		MM. Jérôme.
GARRIDO,	Plançon.		Bouvet.
REMIGIO,	Gilibert.		Mondaud.
RAMON,	Bonnard.		Carbonne.
BUSTAMENTE,	Dufriche.		Belhomme.

	VIENNE 4 octobre 1895	BREST Février 1896	BORDEAUX Octobre 1896
ANITA,	Mlle Renard.	Mlle Violet.	Mlle Georgette Leblanc
ARAQUIL,	MM. Van Dyck.	MM. Déo.	MM. Ansaldy.
GARRIDO,	Neidl.	Bertal.	Sentein.
REMIGIO,	Ritter.	Lafère.	Cazeneuve.
RAMON,	Reichenberg.	Dupuis.	
BUSTAMENTE,	Schittenhelm		

	MONTPELLIER 16 avril 1896	MILAN Octobre 1896	NEW-YORK Décembre 1895	ANVERS Mars 1896
ANITA,	Mme Duval-Erard.	Mlle de Nuovina	Mlle Calvé.	Mlle Brietti.
ARAQUIL,	MM. Bucognani.		MM. Lubert.	M. Dupuy.
GARRIDO,	Fuld.		Plançon.	
REMIGIO,	Guillien.			

La *Navarraise* a eu à l'Opéra-Comique, 28 représentations en 1895.
Reprise avec Mlle Nina Pack et M. Leprestre, en 1897.

La prodigieuse fortune de *Cavaleria rusticana* trouble, chaque jour davantage, tous les esprits — aussi bien les meilleurs que les pires — et, si une prompte réaction ne remet les choses en ordre, M. Mascagni va prendre, parmi les musiciens contemporains, la place d'un véritable chef d'école.

Une des plus tristes conséquences des succès faciles, immédiats et vertigieux, comme celui que rencontra sur les divers continents le petit opéra italien, de célébrité si rapide et si singulière, est de faire naître sans retard, en les âmes qu'ils affolent, le désir furibond de provoquer pareil enthousiasme, de jeter semblable perturbation dans le cours ordinaire des événements prévus, de s'emparer de façon identique des mêmes foules internationales, de régner aussi un moment sur le monde par l'illusion qu'apportent avec eux les triomphes provisoires. Une formule d'art, ou d'apparence d'art, de commode compréhension, est-elle jetée par surprise en pâture à la bonne humeur des publics consentants que, vite, aux quatre coins de l'univers, on s'empresse à la recueillir, à l'utiliser, dût-on, pour cela, en rompre le sens qui forcément s'abolit dans ce trajet périlleux d'un pays à un autre, chaque race possédant ses propres moyens d'expression qu'il convient de respecter, sous peine de déchéance. Mais l'ambition du succès prime toutes les sagesses réfléchies. Ce succès, on le croit certain par l'emploi des procédés déjà si heureusement mis en pratique. A quoi bon, dès lors, courir la chance de perdre aujourd'hui une bataille — que l'on pourrait, il est vrai, regagner demain — en essayant d'imposer à des spectateurs toujours désireux des trouvailles, des hardiesses dont on suspecte l'effet foudroyant ? La brusque tentation des victoires instantanées est plus forte que la patiente espérance des conquête définitives, et les déceptions viennent parfois de ce que seules résistent à l'action du temps, progressent et s'installent en la popularité glorieuse les œuvres de bravoure, de lutte, d'invention et de rénovation, sachant garder, en dépit de tout, leur significative essence nationale.

Je n'entends pas viser de façon précise le cas spécial de M. Massenet en énonçant ici ces quelques réflexions d'absolue généralité. Le musicien si personnel de *Manon*, de *Marie Magdeleine* et de *Werther* est encore trop riche en ressources diverses pour avoir besoin de rien emprunter à ses cadets ou à ses anciens et les mélodies frénétiques et tumultueuses dont, personnel toujours, il enlumina la partition de *la Navarraise* portent une marque à laquelle il est impossible de se tromper. N'ayez crainte, si le sujet élu cette fois ne comporte pas la luxuriante floraison symphonique et vocale que vous attendiez peut-être, c'est cependant bien du Massenet que vous allez avoir aujourd'hui comme hier, du Massenet à ce point ardent et vibrant qu'il en paraît exaspéré. Sans faire allusion positive à un maître duquel tout essai, en somme, est curieux à observer, auquel toute tentative peut être justement permise — ce maître fut le mien d'ailleurs, et je n'ai garde de l'oublier — je veux plutôt, en écrivant ces linges, arrêter sur un chemin dangereux nos jeunes artistes que séduirait cette violente fantaisie d'un homme de grand talent, et leur donner le conseil de ne pas l'imiter, car la forme qu'elle revêt, sans doute « amusante » et inoffensive en une manifestation isolée, deviendrait, à mon sens, d'un usage très périlleux, si elle se généralisait. Après avoir constaté, en de récentes productions françaises l'influence directement italienne de *Cavaleria rusticana*, il serait déplorable que cette influence, dont, il faut bien le reconnaître, la partition de *la Navarraise*, par la coupe de ses deux tableaux, la contexture de ses scènes, son dramatique outrancier, porte quelques traces, se fortifiât, grâce à la prestigieuse virtuosité de M. Massenet, le compositeur de ce temps auquel on a coutume de prendre avec le moins de sans gêne les formules et la manière, le musicien charmeur et enjôleur par excellence, le maître aux irrésistibles séductions dont le reflet sur d'innombrables disciples jaillit si intense et si tenace.

On me comprendra mieux en lisant le résumé du poème que MM. Caïn et Jules Claretie ont tiré d'une courte et saisissante nouvelle de ce dernier, *la Cigarette*, poème très vivant, très bien agencé en vue de l'effet, mais, en fin de compte, si ramassé, si uniquement anecdotique et pittoresque qu'il assigne au chant et à la symphonie un rôle tout à fait secondaire et assez peu conforme à celui qui leur est dévolu, aussi bien dans le drame lyrique moderne que dans l'opéra de tous les temps. Le libretto de *la Navarraise* ne haussant pas jusqu'à la pleine humanité l'épisode de guerre qu'il met en scène, laissant à cet épisode sa petitesse primordiale de fait isolé, précipitant l'action sans relâche du lever au baisser du rideau, il en résulte qu'au milieu des pyrotechnies militaires, de dangereux voisinage, la musique, forcément extérieure et nécessairement tracée à la manière de certaines illustrations conventionnelles, occupe dans la nouvelle œuvre de M. Massenet une place que les admirateurs du maître eussent voulue plus importante.

ALF. BRUNEAU.

(*Le Figaro*, 4 octobre 1895.)

Une Navarraise qui aime d'amour féroce un sergent espagnol qu'elle ne peut épousr : elle n'a pas d'argent. Pour s'en procurer la Navarraise fera tout, jusqu'à aller assassiner le chef ennemi, le carliste abhorré qui tient en échec les armées espagnoles. Et cela, elle le fait, moyennant finance, moyennant un marché conclu avec le général en chef. Mais son amoureux l'a suivie au camp ennemi, persuadé qu'elle y allait pour le tromper ; et, dans sa poursuite, il a été blessé à mort.

Quand revient la Navarraise triomphante, enragée de toucher la prime convenue qui la fera épouse, elle ne trouve que le cadavre de son amant. Sa douleur éclate en un formidable et lugubre rire, le rire des folles ! — C'est tout.

Là-dessus, je l'ai dit, une musique de flamme, qui va, qui court, et n'interrompt sa marche que pour fournir, çà et là, un ou deux arrêts musicaux d'une originalité, d'une couleur, d'un brio endiablés.

C'est là du théâtre, d'art réfléchi, personnel, très sûr et très nouveau, à égale distance du poncif et des absurdités avancées qu'on voudrait nous donner pour lanternes, quand elles ne sont que vessies, vite dégonflées, flasques et lamentables. Et c'est un grand succès.

LÉON KERST.

(*Petit Journal*, 4 octobre 1895.)

Le sujet, comme on voit, n'est pas plus gai que celui de *Cavaleria*, et l'on ne peut, quoi qu'on fasse, échapper au parallèle qui s'établit de soi entre les deux œuvres où nous rencontrons à la fois simplicité de l'imbroglio, arètes géométriques des caractères, brutalité scènique, extériorité des personnages, incidents enlevés à l'emporte-pièce, en un mot tout ce qui constitue, ainsi qu'on l'a dit, le mélodrame-express plus ou moins mis en musique. Il n'y manque pas même l'intermezzo séparant les deux actes, le rideau levé.

M. Massenet demeure artificiel jusque dans ses violences, à la différence de M. Mascagni, qui croit parfois que « c'est arrivé » ; mais quelle merveilleuse souplesse de patte ne conserve-t-il pas toujours ! Par comparaison, son collègue italien, n'est qu'un enfant.

Le défilé kaléidoscopique de l'action ne permet guère d'arrêter au passage, dans la *Navarraise*, une page de musique digne d'être signalée. Citons, du moins pour la forme, le premier duo entre Anita et Araquil, où l'on retrouve la morbidesse chère à l'auteur : « *Araquil, laisse-moi tes yeux* », et la phrase de supplication d'Anita dans le trio qui suit.

En appliquant de son mieux à sa nouvelle œuvre la devise : « Courte et bonne » qui préside à l'existence de bien des gens, le maître a enlevé sans conteste, à M. Mascagni, le record de l'heure, comme on dit en style vélocipèdique. Nous prisons fort cette victore.

F. Régnier.
(Le Journal, 4 octobre 1895).

Comme à Bruxelles, où Georgette Leblanc s'y montre admirable et comme à Londres, la *Navarraise* (ai-je dit qu'elle était tirée de la *Cigarette* de M. Claretie ?) réussit à Paris. Ceci posé, je m'étonnerai de la modestie (inaccoutumée) de M. Massenet qui, deux ou trois romances mises à part, a borné son rôle à régler de nombreux bruits de scène, tels que battements de mains, frémissements de tambours de basque, claquements de castagnettes, appels de clairons, tintements de cloches, coups de canon, coups de fusil, coups de revolver, etc., etc.

Il me semble qu'un régisseur aurait suffi à cette tâche, et qu'il n'était pas besoin de déranger, pour si peu, un membre de l'Institut.

L'Ouvreuse
(L'Echo de Paris, 5 octobre 1895).

L'erreur de la critique moderne est de juger la musique littérairement et tout en rendant hommage à la sincérité artistique et à l'intellectualité élevée de certains de mes confrères,
je ne puis m'empêcher de leur reprocher de se placer a un
point de vue essentiellement faux. On n'est pas nécessairement un grand musicien, parce que révolté (ou impuissant,
ce qui est hélas souvent synonyme) on préconise exclusivement l'abolition des formes consacrées, certes non irréprochables, mais du moins scholastiquement raisonnées, cela au
profit d'un idéal indéfini, d'une réalisation problématique. En
musique, bien plus qu'en littérature, le stade est ouvert large,
comme dit Papyrus, mais la franche beauté n'existe point
sans la majesté de la ligne et les productions nées hors du domaine de l'harmonie peuvent, effet du hasard, intéresser,
même plaire, mais simples météores, ni demeurer, ni faire
école. C'est là, mon cher Straus qu'à son tour, la production,
tue la reproduction. Somme toute, en mettant de côté l'idée du
drame, Wagner en musique pure, n'a que développé extraordinairement l'orchestration et brisé le moule de la phrase musical (autrement période). L'école italienne à laquelle il a
porté le coup de grâce, serait sans lui morte d'épuisement,
mais comparez les partitions du maître de Bayreuth, chefsd'œuvres de nouveauté et de hardiesse, avec celles des vieux
classiques et des anciens musiciens religieux. Où salue-t-on la
souveraine grandeur ?

Là des trouvailles merveilleuses, une mélodique sans pareille, mais le tout chromatiquement érotique, musique charnelle, où se violent mutuellement les accords dans d'aphrodisiasques combinaisons. Ici le calme et la splendeur sereine,
cathédralesques conceptions, dont aucun accent impur ne ternit la superbe majesté. Là le harem, ici le temple. Bien pompeux préambule n'est-ce pas, pour discuter l'ouvrage d'un
maître-charmeur, musicien admirable, se jouant de la technique
plus habilement que personne et qui doit rire de bon cœur,
en lisant les jugements de ses ignares contempteurs.

Et tout cela pour dire que, je ne crois pas qu'un opéra
(drame lyrique si le titre vous plaît davantage), même conçu
selon les formules wagnériennes, puisse être une œuvre pure-

ment belle. Certes on y trouve riche matière à invention, mais la grandeur de la musique consiste à pouvoir exprimer l'inexprimable et il ne me plait pas de la voir s'avilir au milieu d'orgies bachiques, ou sous le canapé de Phryné dans des concessions indignes d'elles.

Ceci dit en principe contre tous les musiciens d'opéra.

. . . .

La Navarraise, épisode lyrique en deux actes, d'après livret de Claretie et Caïn est une partition pleine de vie et d'enthousiasme, où le sujet rapidement tragique ne permettait pas de longs développements musicaux. Massenet a fait ce qu'il fallait faire et a parfaitement réussi. Ecartant toute outrageante comparaison avec Mascagni, je ne m'attarderai pas à complimenter un maître aussi au dessus de l'éloge, qu'il est au-dessus du blâme. Il n'est pas un jeune musicien en France qui ne se soit quelque peu imprégné de sa manière et ceux qui l'avouent le moins, sont justement ceux qui tiennent le plus de lui. Massenet, vous le décriez, mais comme les esclaves décrient leur maître. Si vous êtes sincères dépêtrez-vous de vos entraves et volez de vos propres ailes, quitte à vous rompre le cou ; nous verrons bien en tout cas jusqu'où vous irez.

J'ai du moins la franchise même de mes vices, car je ne sais s'il est Dieu ou Satan et je l'adore, et s'il était Dalila, je pleurerais de n'avoir plus de cheveux à lui offrir.

Eugène de Solenière.

(La Critique, 20 octobre 1895.

Massenet a en outre écrit pour le théâtre :

Méduse, opéra inédit.

Sidi-Belboul, opérette en un acte jouée aux Mirlitons en 1874.

Bérengère et Anatole, saynète jouée à l'Union artistique, en 1876.

L'Hetman, musique de scène pour le drame de Paul Déroulède (Odéon, 2 février 1877.)

Théodora, musique de scène pour la pièce de Sardou. 5 actes. (Porte Saint-Martin, 26 décembre 1884).

Le Crocodile, musique de scène pour la pièce de Sardou, 5 actes, 9 tableaux. (Porte Saint-Martin, 21 décembre 1886.)

Il a en portefeuille :

Sapho, sur un livret de Cain d'après Daudet, écrit pour Mlle Calvé. (En répétition à l'Opéra-Comique).

Grisélidis, Cendrillon et *Froufrou*.

Massenet a en outre orchestré et mis à point *Kassya*, opéra posthume de Léo Delibes (Opéra-Comique, 24 mars 1893, huit représentations).

(quelques mesures)
du 2ème acte)
Thaïs
Modéré
Piano
Thaïs (à Athanaël, avec une sorte de câlinerie ironique)
qui te fait si sé — vè — re et pourquoi demeures-tu la fleur du tir
yeux ?
Massenet
Paris 16 mars 1894.
1ère représentation
à l'opéra

DRAMES SACRÉS

OU

ORATORIOS

LES ERYNNIES

Intermèdes pour la tragédie antique

De Leconte de Lisle

Première exécution, Théâtre de l'Odéon, 6 janvier 1876.
Chef d'orchestre : Ed. Colonne

Reprise, Théâtre de la Gaîté, 15 mai 1876. Direction de M. Danbé

Les Erinnyes, une des premières partitions de M. Massenet et des plus remarquables, sont pleines d'une tristesse antique. De beaux mélodrames d'orchestre accompagnent les lamentations de Cassandre et surtout la libation d'Electre au tombeau de son père assassiné.

> Hermès, prompt messager qui monte d'un coup d'aile
> De la pâle prairie où germe l'asphodèle,
> Jusques au pavé d'or des princes d'Ether.

Tout le monde connaît la douloureuse mélodie, qui s'enroule comme une guirlande funèbre autour de la pièce récitée par la royale orpheline. Je sais peu de plaintes aussi déchirantes que cette phrase, traînée des notes profondes aux notes hautes, se soulevant pour retomber sur elle-même, accablée de douleur ou secouée de sanglots. Quel surcroît d'émotion lui donne le timbre du violoncelle, le plus humain des instruments ! Moins âpre, mais d'une mélancolie rêveuse, est une autre page d'orchestre : La troyenne regrette sa patrie, légère esquisse musicale qui rappelle ces bas-reliefs à demi-effacés, nombreux dans les musées d'Athènes, où on voit un petit pâtre assis au bord de la mer et rêvant.

CAMILLE BELLAIGUE.
(*L'Année Musicale*, 1890).

Nous devons des éloges tout particuliers à la musique que M. Jules Massenet a composé pour les *Erynnies*. Sa part est pourtant restreinte et il ne s'agit de rien de semblable à la partition que Mendelsohn a écrite pour l'*Antigone*...

L'introduction de la première partie est un adagio lent et sombre, traversé soudainement par un court allegro déchirant et désordonné, qui représente le passage des Erynnies. La petite marche qui salue l'entrée d'Agamemnon offre peu d'intérêt. Mais l'entr'acte est fort beau avec une phrase de violon superbement conduite ; l'introduction sur laquelle entrent Electre et ses compagnes est la meilleure page de cette partition : On pourrait la signer fièrement : Ecole de Gluck. Enfin citons la prière d'Electre que dit Mlle Broisat, et que traduit le violoncelle en une cantilène d'une ravissante mélancolie.

On ne peut mieux plaider que n'ont fait successivement Ch. Gounod, MM. Bizet et Massenet pour l'introduction sérieuse et originale de la musique, dans le drame antique ou moderne.

GUSTAVE BERTRAND.

(*Le Ménestrel*, 12 janvier 1873.)

C'est à la fois un régal littéraire et musical.

Quant à la musique de Massenet elle est fort bien goûtée des amateurs, elle semble surtout avoir un parfum d'antiquité qui vous frappe. Les chœurs sont tous d'un grand style ; la marche du premier acte est un fort beau morceau rempli de sonorités splendides ; les airs de ballet sont ravissants : rien de plus coloré et de plus distingué. M. Massenet est un maître, il suffirait à sa gloire, d'avoir écrit ce pur chef-d'œuvre, qui s'appelle le ballet des Erinnyes.

E. NOEL et STOULLIG.

(*Les Annales du théâtre et de la musique*, 1876.)

Ah ! les voilà revenues, ces redoutables *Erynnies* qui tiennent dans l'œuvre de M. Massenet la même place que les chœurs d'*Ulysse* dans celle de Charles Gounod. M. Colonne nous en fait entendre de loin en loin quelques fragments. Cela ne nous suffit pas, tant nous avons de goût pour cette partition si fraîche, si parfumée, si élégante et si personnelle. On les donna pour la première fois à l'Odéon, en 1873, avec un petit orchestre, toujours sous l'habile direction de M. Colonne. Mais, en 1876, au Théâtre-Lyrique que dirigeait alors M. Vizentini, dans la salle de la Gaîté, le spectacle fut agrémenté d'un ballet et le compositeur, outre les délicieux airs de danse qu'il écrivit, ajouta à sa partition des chœurs et, naturellement, fut obligé de renforcer son orchestre. Voilà, pour moi, la version que je préfère. Mais, depuis, M. Massenet, voulant que son œuvre fût purement symphonique et plus facile, par conséquent, à être exécutée au concert, supprima les chœurs, ces chœurs de haut style et d'un sentiment si noble, d'une ligne si pure. Eh bien ! j'aurais voulu les retrouver au théâtre d'Orange, ces chœurs, que des choristes avignonnais eussent rendus avec la même perfection, relative sans doute, que ceux d'*Antigone*, et dont M. Camille Saint-Saëns a bien voulu s'accommoder. Il y en a quatre dans la partition : celui des Vieillards argiens, précédé de quelques mesures de mélodrame, magnifique inspiration à Zeus ; celui qui salue le retour d'Agamemnon :

> Gloire aux héros chargés des dépouilles barbares ;

la scène religieuses des Khoéphores portant les coupes des libations et déposant des guirlandes funéraires sur le tertre où repose le roi d'Argos ; puis, le chœur qui, sur un rythme vif et joyeux, célèbre la mort du fils de Thyestès :

> Un dieu furtif et vigilant
> L'a saisi de ses mains rapides.

ERNEST REYER.

(*Journal des Débats*, 8 août 1897.)

MARIE-MAGDELEINE

Oratorio pour soli chœurs et orchestre

*Première exécution au Concert National (Salle de l'Odéon),
le 11 avril 1873*

Méryem de Magdala, Mme Pauline Viardot.
Marthe, Mlle Vidal.
Jésus, MM. Bosquin.
Judas, Petit.
Chef d'orchestre : Ed. Colonne

ODÉON
(Reprise)
19 février 1874

Méryem de Magdala, Mme Gueymard.
Jésus, MM. Bosquin.
Judas, Bouhy.

OPÉRA-COMIQUE
24, 26, 28 mars 1874

Mme Carvalho.
MM. Duchesne.
Bouhy.

BORDEAUX
(Grand-Théâtre)
Semaine-Sainte 1893

Méryem de Magdala, Mmes Martini.
Marthe, Marou.
Jésus, MM. Cazeneuve.
Judas, Vilette.

LILLE
(Hippodrome)
Jeudi-Saint 1893

Mlles Sidnes.
Delorn.
MM. Warmbrod.
Lorrain.
(L'orchestre dirigé par Massenet.)

MONTPELLIER
21 mars 1894

Méryem de Magdala, Mmes Chassériaux.
Marthe, Linse.
Jésus, MM. Dastrez.
Judas, Carroul.

... Ce fut une révolution, une découverte saluée de jolis cris
de joie féminins, celle du poème biblique gracieux, tendre et
profane. On a longtemps considéré à Paris l'oratorio comme
un genre ennuyeux, morose, comme de la musique de carême,

qu'il était de bon ton d'aller entendre le vendredi-saint et le
dimanche de Pâques au Conservatoire et le samedi-saint au
Théâtre Italien. Et voilà qu'un jeune musicien, dont les mélodies vocales étaient déjà à la mode dans les salons, au lieu
d'un plat maigre panaché de fugues solennelles et d'ensembles
disloqués par les formules sèches du contrepoint, offrait aux
mondaines, pour pénitence de leurs menus péchés, une partition toute séduisante de nouveauté, un sujet presque amoureux, un régal de formes mélodiques pleines de charme et de
fraîcheur, de suaves harmonies, une orchestration délicate et
colorée. Celles-ci goutèrent fort la friandise, pieux bonbon
confit, qui parut aux artistes d'une saveur un peu trop sucrée.

GEORGES SERVIÈRES

(*La Musique française moderne*).

Nous parlerons de cette œuvre si importante d'un jeune musicien, qui tend ses ailes, on le voit, vers les régions les plus
élevées de l'art, sans se préoccuper des intérêts matériels que
des œuvres secondaires ou purement lyriques, pourraient seules
satisfaire. Ce n'est certes pas là un signe des temps et l'on peut
affirmer que de pareilles tentatives sont aussi méritantes que
peu vulgaires. Et quand le succès les seconde, il y a double-
ment à s'incliner devant des artistes assez convaincus, en
l'année 1873, pour renouveler les nobles tentatives des célèbres compositeurs d'un autre temps.

H. MORENO

(*Le Ménestrel*, 13 avril 1873.)

Quelle Madeleine du Titien, échevelée et presque folle, ne
manifeste un désespoir encore plus tragique que celle de
M. Massenet ? Quel repas chez Lévy, quel festin de Cana de
Véronèse, n'est cent fois plus en désaccord avec les tableaux
évangéliques que le petit entracte d'orchestre et le petit chœur,
si pittoresques dans leur sobriété ? Les maîtres de Venise pourtant n'ont jamais passé pour hérétiques. M. Massenet a en-

touré son drame sacré du plus ravissant décor. L'art, surtout
l'art de notre époque, a de ces curiosités délicates et légitimes,
plus que la science et la foi qui se souvient peu des contrées
habitées par Jésus, des chemins où ses pieds ont marché, des
horizons familiers à son regard. Après deux mille ans, nous
ne considérons plus le christianisme que du point de vue psy-
chologique ; nous ne le regardons qu'avec nos âmes. . . . . .

M. Massenet a reculé de vingt siècles ; il a contemplé le beau
jeune homme vêtu de blanc, il l'a montré habitant parmi
les hommes, plein de vérité divine, mais de grâce humaine
aussi, — La grâce, partout la grâce. M. Massenet ne peut s'en
défendre, elle est inhérente à sa nature artistique, elle est sa
nature même.

CAMILLE BELLAIGUE

(*L'Année Musicale*, 1890.)

Marie-Magdeleine drame sacré de Massenet, est l'œuvre
qui nous semble devoir occuper la première place, parmi celles
que le jeune compositeur a données jusqu'à ce jour. Tout le
sujet, la couleur, la forme, tout nous semble bien choisi dans
cette composition habile, qui a surtout le mérite de paraître
simple et d'intéresser, à la première audition... Il ne semblait
pas que l'on put tirer encore des effets si intimes du drame
antique et divin, dont l'art s'est tant de fois inspiré.

CHARLES DARCOURS.

(*Le Figaro*, 14 avril 1873.)

Commençons par constater, la joie au cœur, la réussite complète de la plus audacieuse tentative qu'un musicien ait faite à
Paris depuis l'*Enfance du Christ* de Berlioz. M. Massenet
du reste n'est point un Berlioz et il ne manquera point de gens
pour l'en féliciter. Berlioz ne connaissait pas cet art d'équilibre, si à la mode par le temps qui court, qui permet d'avoir
des amis dans tous les camps ; déplaire à certaines gens était
une des ambitions de Berlioz et il faut avouer qu'il y a plei-

nement réussi. La muse de M. Massenet n'est point si hautaine, c'est une vertueuse personne qui ne fait rien contre sa conscience, mais elle aime à plaire et se met volontiers des fleurs dans les cheveux.

Que celui qui est sans péché lui jette la première pierre !

D'aucuns ont considéré comme une nouveauté, la forme dramatique donnée à l'oratorio, c'est une erreur capitale. Les oratorios de Haëndel, type du genre, ne diffèrent en rien de ses opéras ; telle était la musique dramatique d'alors, c'est le contraire qui est l'exception.....

Ce qui est nouveau c'est le côté réaliste de l'œuvre de MM. Gallet et Massenet ; ils y ont gagné la couleur orientale et ses mille coquetteries : ils y ont perdu la grandeur et le prestige légendaire. Le public toujours en quête de friandises leur a donné raison.

La musique de M. Massenet est originale sans être baroque et amusante sans être triviale, c'est plus qu'il n'en faut pour réussir. En l'examinant attentivement on découvre, non sans étonnement, qu'elle procède de celle de M. Gounod, dont elle ne donne nullement l'impression. C'est au fond du Gounod, mais condensé, raffiné et cristalisé ; M. Massenet est à Gounod comme Schumann est à Mendelsohn.

Ce qui est charmant dans *Marie-Magdeleine*, c'est le bonheur d'expression avec lequel l'auteur a rendu des sentiments d'une extrême délicatesse. Un souffle aurait terni l'amour de Jésus et de Marie-Magdeleine ; M. Massenet lui a conservé toute son idéale pureté. Ce ne sont pas Messieurs les mélodistes qui auraient fait cela.

PHÉMIUS. (CAMILLE SAINT-SAENS).

(*La Renaissance littéraire*, 12 avril 1873.)

Les concerts de l'Odéon n'eussent-ils servi qu'à nous révéler le drame sacré : *Marie-Magdeleine*, il faudrait louer l'institution de ces concerts. Voilà certes une œuvre remarquable, d'un coloris charmant, d'une forme exquise. Si l'on n'y voit point partout et au même degré le cachet d'une individualité bien nettement accusée, si en quelques passages on peut trouver à reprendre à la sévérité du style, du moins ne saurait-on demander au compositeur plus de savoir, plus d'expérience dans l'art d'écrire, plus de finesse et d'habileté, dans le maniement de l'orchestre.....

Car *Marie-Magdeleine* est non-seulement l'œuvre d'un artiste de talent, mais aussi l'œuvre d'un artiste convaincu. La poésie de cette admirable légende n'ont point touché une âme vulgaire, un esprit fermé à toute croyance.

.   .   .   .

Le début de la quatrième partie, Marie-Magdeleine et les saintes femmes au tombeau de Jésus, est une sublime inspiration. Ecoutez ce que chantent ces saintes femmes et vous pleurerez commeelles, car je vous le dis en vérité il n'existe pas en musique quelque chose de plus tendre de plus touchant, de plus suave et de plus pur.

ERNEST REYER.

(*Le Journal des Débats*, 23 avril 1873.)

L'œuvre de Massenet, nous dirions volontiers son chef-d'œuvre, diffère plus qu'aucun autre, plus que *le Déluge* de Saint-Saëns, plus que *Rédemption* ou *Mors et Vita* de Charles Gounod, des modèles classiques. Elle est originale, moderne entre toutes et par là mérite de nous arrêter. Tout en elle décèle l'esprit nouveau. La forme n'est plus d'un oratorio, mais d'un drame sacré, et si le public français avait au même degré que le public allemand, l'amour des choses de l'art et le respect des choses de Dieu, la représentation de *Marie-Magdeleine*, serait possible comme celle de *la Passion* à Oberammergau, celle de *Parsifal* à Bayreuth.....

Il faudrait le style de M. Renan pour louer l'œuvre de Massenet. Il n'y a peut-être pas, dans la *Vie de Jésus*, de paysage plus ravissant que les premières pages de *Marie-Magdeleine*.....

La Marie-Magdeleine de Massenet, n'est peut-être pas une œuvre de foi, mais elle est, et cela suffit, une œuvre de poésie, de respect et d'amour.

CAMILLE BELLAIGUE

(*Psychologie Musicale*, 1893.).

ÈVE

Première exécution, 18 mars 1875.

Cirque d'Été.

Adam,	MM. Lassalle.	Ève, Mme Brunet-Lafleur.
Le Récitant,	Prunet.	(Sous la direction de Ch. Lamoureux)

REPRISE EN FRAGMENTS :

Conservatoire : Vendredi-Saint 19 et 21 avril 1878.
Châtelet : Vendredi-Saint, 11 avril 1879 (intégralement).
Cirque d'Été : 26 avril 1885 (intégralement).
Châtelet (Concert Colonne) : 31 janvier et 7 février 1897.

Etait-ce rancune secrète contre l'auteur de la faute originelle ou respect de leur anté-diluvienne aïeule, mais les femmes lui reconnurent moins d'attrait qu'à *Marie-Magdeleine.*

Cependant, la forme sensualiste imaginée par Massenet, dans son très profane oratorio s'exagère encore dans *Eve.* L'épisode de la tentation notamment est saturé comme d'un parfum troublant ; l'air qu'on respire dans cet Eden est chargé d'émanations capiteuses, violentes, sous lesquelles un tempérament de femme, devait défaillir de langueur.

GEORGES SERVIÈRES.

(La Musique française moderne, 1897).

« Le poème ne rappelle en aucune sorte, les anciens mystères du moyen-âge et n'a rien de biblique, c'est une œuvre toute théâtrale ou pour mieux dire sensuelle, roulant sur la séduction du premier homme par la première femme et se terminant par une scène de malédiction. La donnée est particulièrement voluptueuse, le musicien l'a traitée d'une façon effeminée et souvent un peu banale ; ses duos d'amour pourraient prendre place dans n'importe quel opéra de demi-caractère. Malgré son orchestration d'une délicatesse remarquable, la nouvelle partition de Massenet est d'une inspiration beaucoup moins élevée que celle de *Marie-Magdeleine*.

Le prologue pour chœur et orchestre intitulé la naissance de la femme, est escessivement poétique. Le prélude instrumental qui suit est délicieux, mais le motif principal qui suit est certainement imité de Wagner dans *Lohengrin*.

. . . .

L'ouvrage de Massenet a eu le bonheur de plaire surtout au sexe féminin.

STOULLIG ET NOEL.

(*Les Annales du Théâtre et de la Musique*, 1875.)

M. Massenet n'a vu de la création qu'une créature, *l'animale grazioso e benigno* de Dante ; non plus toute l'œuvre mais le chef-d'œuvre de Dieu. C'est aux pieds de la femme qu'il a mis la nature entière : c'est dans ses yeux qu'il l'a regardée, par sa voix qu'il l'a chantée. La femme ici ne sera pas tentée par le serpent et tentée de gourmandise ; elle sera tentée d'amour, doucement appelée par les voix de la nature qui tout entière aime autour d'elle, pour la première fois. Elle sentira sur son corps virginal les haleines de la nuit ; à son oreille chantera la brise et des fleurs tomberont mollement sur ses cheveux.

.....Massenet interprète toujours l'Evangile ou la Bible avec quelque sensualité.....

Il a la note tendre, voluptueuse. Mais cette note, discrètement atténuée, est-elle donc si fausse, dans l'histoire du premier péché. La plus belle partie d'*Eve* et la plus caractéristique, est la seconde : *Dans la solitude* (la Tentation).... La fin de la scène est belle encore. Eve se trouble de plus en plus Les voix la pressent toujours davantage ; elle leur cède enfin.

Massenet alors atteint presque à la grandeur biblique. Le cri de la femme éperdue porte loin dans l'avenir. C'est bien avec cette violence, que l'amour a du saisir pour la première fois, la mère de toute l'humanité.

CAMILLE BELLAIGUE.

(*Psychologie Musicale*, 1893.)

L'humanité s'affirme en ses doubles aspirations vers l'amour divin et terrestre et les passions naissantes s'agitent dans le sein troublé de la première femme, sortie pure mais fragile de la main du créateur. Cette nouvelle production d'un caractère grandiose et d'une valeur musicale exceptionnelle, fut accueillie avec enthousiasme par le public nombreux qui assistait avec empressement aux splendides concerts organisés et dirigés avec tant d'autorité par Lamoureux sous le titre caractéristique d'harmonie sacrée.

MARMONTEL.

(*Le Gaulois*, 30 novembre 1885.)

J'écris ces lignes sous le charme d'une impression profonde et encore toute fraîche, en regrettant que le temps me manque pour analyser toutes les beautés de la nouvelle partition de Massenet. Je ne puis que signaler au courant de la plume l'unité de l'œuvre, la largeur de sa conception, l'harmonie de toutes ses lignes et par dessus tout le charme qu'elle respire, la force et la justesse à la fois de l'expression, la richesse du coloris et la fraîcheur des idées musicales. C'est une œuvre forte et élégante en même temps, qui restera parmi les meilleures choses dont s'honore notre école nationale.

L'accueil fait par le nombreux et très brillant public de la première audition a été extrêmement chaleureux, enthousiaste même.

C. DE BLAINVILLE.

(*Le Monde Artiste*, 20 mars 1875.)

... *Eve*, ouvrage de proportions plus modestes, auquel il a donné la qualification de mystère, ne voulant pas non plus l'intituler oratorio, et qui a été, on peut le dire, accueillie par le public avec un véritable enthousiasme. Une poésie rêveuse et une passion ardente, un grand sentiment du pittoresque, des sonorités exquises, un orchestre adorable, des idées d'une fraîcheur et d'une grâce toute juvéniles, parfois une chaleur entraînante et une incomparable puissance d'expression, telles sont les qualités qui distinguent cette partition et qui ont fait sa fortune.

ARTHUR POUGIN.

(*La Musique populaire*, 29 décembre 1881.)

LA VIERGE

Première audition, Théâtre National de l'Opéra (Concert historique)
22 mai 1880

LA VIERGE,	Mme Gabrielle Krauss.	L'Hôte,	M. Caron.
GABRIEL,	Mlles Daram.	(Sous la direction de l'auteur.)	
UNE GALILÉENNE,	Janvier.		

L'ouvrage fut exécuté en tout deux fois à l'Opéra, les 22 et 29 mai 1880.

Le tableau de l'Annonciation, par sa simplicité de lignes et par son charme mélodique, fut le plus goûté. Massenet avait compris ce qu'il y avait de scabreux à représenter cette première partie de la légende de la Vierge, il ne faut jamais en art compter sur la foi, ni sur l'intelligence du public, aussi a-t-il senti la nécessité de donner à sa musique non pas un caractère religieux au sens habituel de ce terme, mais un caractère de pureté, de naïveté primitive, de virginité pour le dire d'un mot.

Sa conception musicale de la scène de l'Annonciation rappelle les œuvres de certains peintres italiens du XV° siècle, les figures d'anges et de madone de Botticeli, d'une grâce séraphique un peu mièvre et délicatement sensuelle..

GEORGES SERVIÈRES.
(*La Musique française moderne*, 1897.)

Cette œuvre poétique toute empreinte d'une tendresse et d'un charme ineffables, où le musicien s'est complu à mettre toutes les qualités de son imagination, toutes les délicatesses de son âme, restera comme un modèle exquis d'expression de grâce, de rêverie extatique et de profonde douleur. Le sommeil de la Vierge est une symphonie adorable et les cruels déchirements du cœur de la divine mère du Christ n'ont pu être compris et traduits dans leur vrai sentiment que par un musicien poète de premier ordre, ayant la passion de l'idéal le plus pur, le plus élevé.

MARMONTEL.

(*Le Gaulois*, 30 novembre 1881.)

Avec *La Vierge,* Massenet s'est aventuré dans le « dogme », il a certainement compris son imprudence, car au milieu de son œuvre il a voulu se dégager de l'ombre qui l'enveloppait, en essayant de prendre terre avec l'épisode des *Noces de Cana.* C'est parce que la nouvelle partition de Massenet se perd dans ce vague surnaturel, qu'elle a un caractère moins saisissant, je crois, que ses deux aînées avec lesquelles elle forme une sorte de trilogie sacrée. Cette réserve ne m'empêche nullement de rendre justice à *La Vierge* et de m'incliner respectueusement devant le courageux artiste qui n'a pas hésité, dans un siècle positif comme le nôtre, à se pencher pendant de longues heures, sur une œuvre d'une pareille envergure, n'espérant d'autre récompense que la satisfaction discrète, d'avoir fidèlement servi l'art qu'il pratique et vénère. A ce propos, je ne puis le dissimuler, c'est vraiment pitié de voir juger une partition de cette portée, avec la distraction ennuyée et l'ignorance présomptueuse, que le public des *premières* parisiennes apporte généralement dans ses arrêts. Des efforts si considérables mériteraient, me semble-t-il, que l'auditeur se donnât quelque peine pour essayer de se hausser au niveau de l'œuvre que l'on soumet à son appréciation.

. . . .

Où le compositeur se retrouve tout entier avec son émotion pénétrante et sa vigueur pittoresque, c'est dans sa scène du Calvaire, dont les stations douloureuses sont décrites avec un art supérieur qui vous secoue jusque dans la moëlle des os. Je n'aurais rien à reprendre à ce tableau magnifique, si je ne me souvenais, que le jeune maître nous l'avait montré déjà, sous les mêmes couleurs, dans sa *Marie-Magdeleine.*

L'*Assomption*, la quatrième et dernière scène, s'ouvre, par un prélude intitulé : *Le dernier sommeil de la Vierge* c'est une phrase adorable, chantée par le violoncelle solo, accompagné par les violons en sourdine. Rien de plus suave, de plus séraphique que ce délicieux morceau, que le public a redemandé d'une voix unanime.

. . . .

Cette dernière partie de l'œuvre est réellement d'une beauté supérieure et suffirait à classer le nouvel oratorio du jeune maître, parmi les plus remarquables compositions de ce temps. En résumé *La Vierge* est une partition digne à tous les égards du musicien qui l'a signée et si dans les détails nous avons appuyé sur les critiques, l'impression que nous a laissé l'ensemble n'en a pas été moins profonde.

VICTOR WILDER.

(*Le Ménestrel*, 30 mai 1880.)

Le public a fait son devoir en suivant avec une religieuse attention le développement des idées du jeune maître de l'école française. S'il n'a pas tout applaudi, il a tout écouté. Il a très bien discerné d'ailleurs, le point de vue auquel il fallait se placer, qui n'est point celui des théâtres, pour embrasser dans ses mystérieuses profondeurs, une œuvre beaucoup plus symphonique que vocale. La belle marche des basses, placés sous le sanglot des cuivres dans l'acte du Calvaire, lui a donné la sensation du mystère de la Croix, qui allait s'accomplir et c'est avec transport que dans l'introduction du tableau de l'Assomption, il a redemandé et salué de bravos enthousiastes, une phrase de mélodie périodique de la plus suave impression, ouvragée dans son développement par une exquise broderie d'orchestre.

BÉNÉDICT.

(*Le Figaro*, 24 mai 1880.)

Le *Sommeil de la Vierge* a été bissé avec transport aux deux auditions de l'œuvre. En l'écoutant avec ravissement pour la seconde fois, je me suis rappelé cette phrase d'une lettre de Massenet écrite entre les deux soirées de sa *Vierge*, lettre que j'ai pu lire sans commettre aucune indiscrétion :

« La musique n'a pas été notre préoccupation et notre métier ne m'a servi qu'à traduire les sentiments que je voulais rendre. »

La « musique » mon cher Massenet, doit être la *préoccupation* d'un musicien. Ce n'est pas le métier croyez-le bien, qui a placé sous vos doigts ou au bout de votre plume la phrase du « Sommeil de la Vierge » ; qu'elle vienne de votre cœur ou de votre foi, si vous êtes son père, la musique est sa mère et c'est cette union indissoluble des deux époux, que le transport de votre auditoire, a saluée ! — Vous, mon cher Massenet, qui savez « votre métier » autant et plus que tel maître quel qu'il soit, ne le méprisez pas trop. Mozart ne s'est pas mal trouvé, il me semble, d'avoir mis dans ses chefs-d'œuvres autant de savoir que de génie. Le musicien qui courtise la poésie, me fait l'effet d'un mari, possesseur d'une très belle femme, lequel court après celle de son voisin qui ne vaut pas la sienne. Restez l'amant de la vôtre, mon cher grand musicien, vous ne rencontrerez jamais mieux, ni même aussi bien. Il faut conclure et je le fais en disant que les très grandes beautés de la partition de *La Vierge*, appartenant à l'art symphonique le plus élevé, ne sauraient rencontrer au théâtre, fut-ce le premier de tous, le cadre qui lui est propre, le public qui saura l'écouter. L'œuvre en traversant l'Opéra où elle ne pouvait avoir eu l'intention de se maintenir a pris par le plus long pour arriver à la Société des Concerts, où elle a sa place marquée.

BÉNÉDICT.

(*Le Figaro*, 31 mai 1880.)

OPINIONS DIVERSES

OPINIONS DIVERSES

Nier l'influence de Massenet serait peiner Louis Gallet et je n'ai garde de contrarier un si brave homme dont la vie entière fut toute de charité légale.

Mais reste à discerner si cette influence s'est fait sentir sur la musique ou sur ses auditeurs.

Monsieur Massenet, comme elles disent, détient le record du sentiment, puisqu'il abuse du violoncelle afin de conquérir les suffrages de tous les cœurs tendres.

Son succès nous est donc une garantie de supériorité intellectuelle sur les majorités, et tant qu'*Hérodiade* ou le *Cid* surmonteront les planchettes à partitions de nos pianos modernes les progrès du féminisme nous ménageront de placides somnolences.

Alcanter de Brahm.

(Réponse à la question : Quelle influence croyez-vous qu'ait Massenet dans l'évolution de la musique française moderne ?)

Vous me demandez mon opinion sur Massenet, et quelle est son influence sur la musique actuelle.

D'abord, laissez-moi vous dire qu'il n'est pas de ma compétence de juger le musicien, mais je puis répéter ce que tant de maîtres autorisés disent de lui : Massenet est un très savant musicien.

Mon impression personnelle ?

Je professe un véritable culte pour ce héros de la musique, ne serait-ce qu'en souvenir des émotions très grandes que j'ai ressenties en interprétant ses œuvres. Massenet est essentiellement musicien de théâtre, et cependant sa musique peut être transportée de la scène au salon avec un égal succès, parce qu'elle est éminemment passionnée, enivrante, parce qu'il sait parler une langue bien humaine; il s'est fait le prêtre de l'amour en musique.

Son influence? N'est-ce pas lui qui nous a conduit peu à peu à Wagner, en nous débarrassant de la musique italienne consistant en un abus d'andante et d'allegro, en supprimant l'éternelle cabalette, si prisée avant l'apparition du *Roi de Lahore*, à l'Opéra.

Combien s'est-on détaché des airs de la *Favorite* en entendant *Hérodiade*; et sans transition trop brusque, il nous amenait à écouter, puis à admirer ensuite l'œuvre wagnérienne, et dès lors Massenet, qui ne peut être accusé d'être un faux Wagner, a pris une première place parmi les compositeurs français. Son talent, absolument personnel, a fait école. Bien des jeunes cherchent à l'imiter et sont très flattés d'entendre dire de leur musique : c'est *du pur Massenet*. Donc, le nom de l'illustre maître Massenet sera pour la postérité synonyme de « génie ». Je vous dis ce que je pense, parce que toujours je pense ce que je dis.

EMILIE AMBRE-BOUICHÉRE.

(Réponse à la question : Quelle influence croyez-vous qu'ait Massenet dans l'évolution de la musique française moderne ?)

Je ne sais si je puis me permettre un jugement sur Massenet ne connaissant pas la totalité de son œuvre, mais mon impression est qu'il n'a pas le génie inventif bien caractérisé, bien personnel et qu'il compose plutôt avec l'esprit qu'avec véritable émotion.

ALFRED APEL.

(*Directeur du Conservatoire de Brunswick.*)

(Réponse à la question suivante : Que pensez-vous de l'œuvre de Massenet.)

A la mélodie arrêtée et classique de Gounod, quelques jeunes préfèrent celle de M. Massenet, plus aisée, plus lâchée, et dont ils ont moins à redouter la discipline et la contrainte. Dans l'histoire du genre (1) que nous étudions aujourd'hui, M. Massenet occupe une place importante. Par lui s'est introduit et comme insinué dans la « mélodie » française, quelque chose du « lied » allemand, de celui de Schumann surtout. Le premier parmi nous, M. Massenet a composé des recueils ou tracés des cercles de chants (Liederkreise) qui par l'intimité et la fantaisie, rappellent un peu les *Amours du poète* ou *l'Amour d'une femme.*

CAMILLE BELLAIGUE.

(*Quelques chansons. Revue des Deux-Mondes*, 15 oct. 1897.)

Tout n'est pas faux dans les légendes qui circulent sur M. Massenet. Mais il en est d'erronées, je dirais presque de calomnieuses. Ainsi, certains le présentent comme une sorte d'improvisateur qui pond sans effort chaque hiver son opéra. On se rappelle le mot célèbre et ridicule d'Oscar Comettant: « Ce compositeur produit trop ; il fatigue la critique. » Un tel reproche est excessif. M. Massenet travaille avec méthode et régularité, ce qui ne signifie pas qu'il travaille vite. Il est ponctuel comme M. Zola, il obéit à la même discipline. Qu'il soit à Paris ou à Bruxelles, sous un ciel bleu ou sous un ciel gris, chaque matin, à l'aube, il s'attelle à la tâche accoutumée. Il fournit cinq ou six heures d'un labeur intensif. Il arrive, de la sorte, assez promptement à d'énormes résultats. Il besogne tandis que d'autres sommeillent. Il ne trouble même pas le repos de ses voisins, car — l'eussiez-vous cru ? — il n'a pas de piano. Il a banni cet instrument de son *home*. Il remplace les touches d'ivoire par des feuilles de papier. Les mélodies qu'il invente ne chantent que dans sa tête...

J'ai voulu connaître son état d'âme, alors qu'il enfante un nouvel ouvrage ; et, pour ne pas troubler sa modestie, j'ai in-

---

(1) La chanson.

terrogé un de ses collaborateurs, psychologue subtil et poète délicat, M. L. Gallet, qui a bien voulu satisfaire ma curiosité. Il m'a peint un Massenet que j'ai lieu de croire ressemblant. Je puis reproduire, sans trop d'indiscrétion, ses confidences.

Donc, M. Massenet commence par s'engouer d'une figure historique ou légendaire, et presque toujours d'une figure de femme. Il en devient amoureux. Il l'emporte avec lui, il y rêve nuit et jour et n'en vient que longtemps après à l'exécution. C'est à ce moment que le librettiste entre en scène. On prend rendez-vous. Et M. Massenet passe infailliblement par trois phases qui se succèdent dans un ordre invariable... *Première phase l'enthousiasme...* M. Massenet est heureux, il applaudit, il approuve, il est ravi du scénario ; il accable l'auteur de suaves compliments. Et le lendemain il écrit une lettre vibrante de fièvre et d'exaltation. Tout va bien... Mais attendez ! La revirement s'apprête. *Seconde phase: l'inquiétude...* Une deuxième missive arrive le surlendemain. Et celle-ci est plus indécise. Le musicien a relu le livret, il a relevé des imperfections, il y demande des changements, sous une forme d'ailleurs exquise et toujours polie : *Cher ami, ne croyez-vous pas comme moi ?* etc. *Si vous partagez mon sentiment, je vous prierai de vouloir,* etc. Comment résister à des requêtes si gracieusement présentées ? Le librettiste se met en quatre, il sue sang et eau. Il rogne, il ajoute, il transpose et interpose. *L'ours,* léché et reléché, prend sa physionomie définitive. Nous touchons à la *troisième phase: l'équilibre...* M. Massenet est en possession de son sujet. Il en a arrêté les grandes lignes, fixé le détail. Le plus difficile est achevé. Il n'a plus qu'à s'occuper de l'« écriture. » Et là, il est sans rival. Sa science, son adresse, ses ressources techniques tiennent du prodige. Il s'avance avec la sûreté d'un bon pilote parmi les récifs.

Il lui arrive quelquefois d'être troublé, sa sensibilité féminine est accessible aux impatiences. Il connaît les abattements, les dégoûts passagers. Son collaborateur le voit entrer chez lui, dolent, la mine tirée. « Qu'avez-vous donc ? — Décidément, j'y renonce ! Ce que j'ai fait aujourd'hui est exécrable. — Allons, vous voulez rire ! » Il le remonte, et, peu à peu, M. Massenet reprend courage. Il n'était peut-être qu'à demi sincère en étalant tout à l'heure sa lassitude. (Qui peut lire dans le cœur des musiciens ?) *Il avait besoin de se faire consoler !* Et c'est un sentiment naturel qu'éprouvent beaucoup d'artistes. Ils exagèrent leur mal pour le mieux guérir ; ils écoutent avec douceur la voix amie qui les réconforte, cette voix fût-elle un tantinet sceptique et moqueuse. Et d'ailleurs ces incertitudes sont un gage de probité. Il n'y a que les médiocres qui soient sûrs d'eux-mêmes. Les hommes supérieurs sont perpétuellement craintifs. M. Massenet est une vraie sensitive ; il vibre comme une harpe éolienne à toutes les brises. Il chercherait en vain à dissimuler cette mobilité d'impressions ; elle se trahit par mille nuances qui ne trompent point. Il avoue de bonne grâce ces défaillances momentanées. Il a écrit des mémoires qui formaient un cahier de quatre cents pages. Il les a jetés au feu. Espérons qu'il en retrouvera quelque part une copie. Il a voulu détruire ses partitions manuscrites, et Mme Massenet à dû arrêter la main qui s'apprêtait à consommer ce sacrilège.

D'autre part, la fantaisie de M. Massenet revêt les formes les plus imprévues. J'ai dit qu'il s'éprenait de ses héroïnes ; il s'éprend avec une égale ferveur d'un paysage, d'un nom, d'un titre. Dernièrement il songea à adapter la *Rôtisserie de la reine Pédauque*. Il voyait cette rôtisserie avec ses poulets dorés, ses petites femmes en jupes courtes, la patronne du lieu, l'honorable amie de l'abbé Jérôme Coignard. Ce tableau lui était suggéré par ce seul mot de rôtisserie, et soyez sûr qu'un jour ou l'autre il mettra une rôtisserie en musique. Ce projet va se cristalliser dans son esprit et mûrir. Pour l'instant il est tout à *Cendrillon*, sa prochaine œuvre, où la fiction coudoiera la réalité, mélange de féerie et de gaieté familière. Puis il s'occupera de *Sàpho*, la tragique amoureuse d'Alphonse Daudet, dont il voudrait traduire l'infinie tristesse.

« Vous remarquerez, m'a-t-il dit, que mes ouvrages sont empruntés à des sources très diverses. Je tâche d'en varier les sujets. *Manon* est venue après *Hérodiade, Esclarmonde* après le *Cid*. Je m'arrache à un milieu et me plonge aussitôt en un milieu opposé, pour changer le cours de mes idées. C'est le meilleur moyen d'éviter la monotonie. »

Eh oui ! Manon, Chimène, Esclarmonde, Hérodiade sont des créatures dissemblables. Qui peut dire, cependant, qu'elles n'ont pas ensemble un air de parenté ? C'est que malgré tout, elles sont issues du même père. Ce sont des charmeuses.

ADOLPHE BRISSON.

(*Extrait de* « Portraits Intimes » 2ᵉ *série*.)

Le plus doué, parmi les doués, c'est Massenet. Clair, précis, génial, il est le maître de ceux en qui l'on espère, sa route est la bonne, tâchons de la suivre.

GABRIELLE FERRARI.

Vous me faites l'honneur de me demander : « Quelle est l'influence de Massenet, sur l'évolution de la musique moderne en France. » Je ne suis pas digne de répondre à une question aussi délicate...

..... Je vais donc simplement, vous exprimer ma pensée.

L'œuvre de Massenet, d'une originalité transcendante, est conduite avec un goût sûr et un tact parfait. D'une grande richesse d'harmonie, elle est toujours claire, d'une pureté irréprochable, et porte à toutes ses pages l'empreinte du musicien de race qui tout en allant de l'avant sait s'arrêter à point. L'inspiration et le sentiment vrai sont ses fidèles acolytes.

Je crois que son influence sera très grande pour maintenir notre école française, et l'empêcher de sombrer dans le nébuleux où des artistes de grand mérite se sont engagés, oubliant sa charmante caractéristique : toute de lumière, d'expression, de franchise et de finesse. Cette école, est brillamment et magistralement représentée par l'illustre maître, qui l'a ennoblie par la grande valeur de son talent, et a su rester français...

C'est une de ses gloires les plus éclatantes !... Nul jeune compositeur ne peut échapper à la haute portée de ce grand enseignement.

L. FILLIAUX TIGER.

(Réponse à la question : Quelle influence croyez-vous qu'ait Massenet dans l'évolution de la musique française moderne ?)

Marie-Magdeleine, *Manon*, le *Roi de Lahore*. Quelle palette prestigieuse ! Ne suffirait-elle pas à illustrer soi-même et son pays ?

Profonde admiratrice de Massenet, je suis en même temps une interprète heureuse et fière de l'avoir été, avec l'assentiment et le suffrage du Maître.

Le tout petit Kaled,

JEANNE FOUQUET.

(de l'*Opéra*).

Le caractère propre du talent de Massenet ou pour mieux dire sa spécialité, dans laquelle nul autre compositeur ne l'égale, consiste en ceci que l'auteur de *Werther* sait toujours vivifier la parole par la mélodie et que ses harmonies sont constamment pleines d'intérêt et d'esprit.

FREY.

(*Nouveau Tagblatt*, Vienne.)

Massenet est à mon avis l'un des maîtres les plus éminents de l'école française *moderne*, j'insiste sur ce mot, car il a toujours marché en avant, sans jamais trahir la clarté mélodique. Il a cette chose rare qui ne s'acquiert point, la personnalité, et son œuvre considérable atteste la diversité des ressources de son grand talent.

Quand à l'avenir, qui peut prévoir ce qu'il nous réserve ?

A côté de très beaux efforts, le snobisme est partout, menant presque toutes les questions d'art. Je trouve donc sage de dire avec Manon : Qui sait où nous serons demain ?

C. DE GRANDVAL.

(Réponse à la question : Quelle influence croyez-vous qu'ait Massenet dans l'évolution de la musique française moderne ?)

Massenet est le musicien de la caresse. Le hasard n'a pas voulu que je chante beaucoup de sa musique, mais j'aurais bien du plaisir à l'interpréter, son genre me conviendrait parfaitement. J'adore les musiques passionnelles et crois que nos deux tempéraments artistiques s'entendraient parfaitement.

MEYRIANNE HÉGLON.

(de l'*Opéra*).

(Réponse à la question suivante : Votre opinion sur la musique de Massenet. Vos impressions personnelles ?)

L'influence de M. Massenet sur l'évolution de la musique française a été des plus heureuses. Elle est plus grande que l'a été celle de Boïeldieu et d'Auber.

Plus que tous ses prédécesseurs il a su donner un cachet français à sa musique. Son métier, des plus personnels, consiste surtout en une habileté très grande à inventer des rythmes et à les manier. Quoiqu'on ait pu dire de lui, une grande sincérité est la marque de ses œuvres théâtrales. Son adresse à traiter la partie dramatique égale, dans son genre français, celle du grand allemand, Wagner.

Aussi il ne faut pas trop s'étonner s'il n'y a aujourd'hui à peu près aucun jeune compositeur français, de n'importe quelle école, qui ne fasse du Massenet.

ALFRED KAISER.

(Réponse à la question : Quelle influence croyez-vous qu'ait Massenet dans l'évolution de la musique française moderne ?)

« Massenet, Guérin et Jackson frères, telle était la raison sociale de l'usine de la Terrasse, dont les hauts fourneaux montraient, vers la moitié du règne de Louis-Philippe, leur panache de fumée et de feu sur la colline de Montand qui domine Saint-Etienne, dans la Loire, Saint-Etienne-en-Forez comme on disait alors.

C'est en effet dans cette usine de la Terrasse qu'est né Massenet par un beau jour de mai de l'an 1842, M. Guizot étant président du Conseil.

. . . .

Ses dix-neuf frères et sœurs (1) appelaient Jules : L'enfant noué, à cause de son apparence chétive. Mais le Petit-Poucet a été le plus malin de tous. Comment vint-il de bonne heure à Paris avec sa mère et deux de ses frères ? Peu importe ! Mais si je disais tout à l'heure qu'il est né sous le consulat de M. Guizot, c'est que dès son âge le plus tendre Massenet a été mêlé à la politique.

Le 13 juin 1849, pendant ces fameuses journées de juin, où les gardes-nationaux et les pompiers arrivaient de province pour remettre l'ordre dans Paris, — ce qu'ils ne feraient pas aujourd'hui ; hélas ! — le 13 juin, Ledru-Rollin s'étant échappé des Arts-et-Métiers, par un vasistas, son compère Victor Considérant, aller demander un refuge à la mère de Massenet, qui demeurait alors rue de Lille. Mme Massenet était loin de partager les opinions de celui qui la priait de le sauver, mais la charité lui ordonnait de ne pas le perdre et elle ne ferma pas l'oreille à sa voix. Elle accorda l'hospitalité au fouriériste à longues moustaches. Celui-ci n'était pas chez elle depuis quelques minutes, qu'un capitaine, à la tête d'une compagnie de soldats, frappait à la porte. Mme Massenet fit précipitamment cacher son hôte dans un petit cabinet à lucarne près de la cuisine et comme elle craignait de Jules, encore à l'âge terrible, un mot, un geste imprudent, elle l'enferma avec le conspirateur dans ce réduit.

A quelques mois de là, Massenet révéla son génie naissant pour la musique, dans une soirée que donnait le caricaturiste

---

(1) Ce chiffre est erroné, Massenet en avait en réalité 20 de deux lits.

Cham, tout près de la rue de Lille, où Massenet avait failli apprendre sur les genoux de Considérant l'art de troubler la cervelle de ses semblables et de faire des révolutions. M. le comte de Noé, en art et en littérature Cham, habitait alors rue Jacob.

. . . .

A son lever, Massenet est illuminé de visions couleur de rose. De ses lèvres partent des fusées de rire joyeux. Mais c'est une sensitive si délicate et si capricieuse que le regard d'un passant ou l'aboiement d'un chien, l'assombrit pour toute la journée.

Quelquefois, à la tombée de la nuit, un ami le reconduit chez lui tout en pleurs, comme s'il avait perdu un être aimé.

Ce n'est qu'un rêve qui s'est envolé ! Il n'en travaille pas moins avec passion, fort avant dans la nuit, pour recommencer, dès le premier rayon de soleil, à sourire à l'horizon empourpré et retomber à la moindre chose dans sa mélancolie.

LOUIS LE BOURG.

(*Le Gaulois*, 19 janvier 1884.)

Massenet de tous les jouisseurs que nous venons de rencontrer, est le plus passionnément viveur. C'est un sensitif qui perçoit par images. Il a le sentiment de la couleur, non de la profondeur.

Voyez ce visage, il n'est pas pensif mais comme on y sent de l'activité ! Travail facile autant que la conception. Le sensuel se retrouve chez le musicien qui trouble, impressionne et fouette les sens. L'ouvrier est habile.

La décision des traits et l'attitude de M. Massenet, si celle-ci lui est familière, nous montre un viveur sans hypocrisie, sans masque, aimant les excès et l'avouant. D'une tendance avaricieuse, il est pour lui-même, pour ses plaisirs, pour la satisfaction de sa fantaisie extrêmement prodigue et dans certains cas imprévoyant. De l'économie dans le règlement de la dépense de son intérieur. Pas d'équilibre dans les affections, ou trop ou trop peu ; des folies d'amour ou de la dureté, etc., etc.

(Caractère vénusien. Influence de Vénus, Saturne et la Lune).

JULLIEN LECLERC.

(*La Physionomie.*)

Massenet — tout court, il a en horreur son prénom ! — me paraît posséder, avec la science musicale de Wagner, le charme mélodique propre à l'Ecole française. Son influence ?.. Je suis bien ignorant pour parler de ces choses, et j'applaudis *Manon* ou *Thaïs*, et j'applaudirai demain *Sapho* — ces figures chantantes de l'amour — à la manière dont Hugo admirait Shakespeare : comme une brute !

MARC LEGRAND.

Massenet, pas plus qu'un autre, n'a eu aucune influence sur la musique française. (Quant à ses œuvres, elles sont pour la plupart *délicieusement jolies*, surtout ses *Erynnies, Marie-Magdeleine, Manon, Werther*, etc., etc.).

Je ne crois d'ailleurs pas à l'influence des musiciens sur la musique, *quels qu'ils soient.* Je crois plutôt à l'influence de la musique sur les musiciens et sur leur tempérament. Ceux qui en ont, tels Gluck, Wagner, Donizetti, Massenet, Verdi, Delibes... (je ne parle que des musiciens de théâtre) font œuvre toujours intéressante dans des genres absolument opposés, ceux qui n'en ont pas, feraient bien mieux de vendre des chandelles ou de pêcher à la ligne dans la petite rivière d'une petite bourgade ignorée. Que de *Fructidor* cela nous éviterait !!!

FRÉDÉRIC LE REY.

(Réponse à la question suivante : Quelle influence croyez-vous qu'ait Massenet dans l'évolution de la musique française moderne.)

Massenet est mon maître ; c'est peut-être le musicien le plus doué de la seconde moitié de ce siècle et comme influence il est le continuateur de Gounod.

XAVIER LEROUX.

(Réponse à la question : Quelle influence croyez-vous qu'ait Massenet dans l'évolution de la musique française moderne ?)

Tête pensante aux traits bien dessinés, regard profond et scrutateur. Ce Maître ne s'impose pas, mais attire. Doux charmeur par sa musique, il l'est aussi par sa conversation, qui abonde en saillies heureuses, en mots d'esprit.

MARMONTEL.

(*Le Gaulois,* 30 novembre 1885.)

« Ce qui caractérise le plus Massenet ce sont ses « drames bibliques »; genre d'ouvrages qui semble revenir à la mode et tient une place entre l'opéra et l'oratorio. Rubinsten s'attacha, quelque peu avant Massenet, à donner à ce genre de production une nouvelle vie. Il faut considérer *Marie-Magdeleine, Eve* et la *Vierge* comme ses meilleurs drames bibliques. Massenet écrivit aussi des pièces d'orchestres, ouvertures, suites, qui révèlent un vrai talent et enfin ses deux ouvrages *Le Roi de Lahore* et *Hérodiade,* écrits pour l'Opéra de Paris, attirèrent particulièrement l'attention et portèrent son nom bien au-delà des frontières françaises. »

NAUMANN.

(*Illustrirte Musikgeschichte Spemann* Berlin und Stuttgart.)

C'est curieux, quand j'entends les opéras de Massenet, je regrette toujours ceux de Saint-Saëns. J'ajoute que l'audition des opéras de Saint-Saëns me fait regretter ceux de Massenet.

L'OUVREUSE DU CIRQUE D'ÉTÉ.

(*Bains de sons,* 1893.)

D. — On vous taxe de wagnérien. Que faut-il en croire ?

R. — Wagnérien est un mot vide de sens. Wagner, il serait puéril de le nier, a fait faire un pas énorme au drame lyrique. En le dégageant des banalités séculaires, en l'affranchissant des conventions surannées, il l'a rapproché de la nature et c'est là son mérite capital, comme ce sera son éternel honneur. Mais Wagner est avant tout un génie allemand dont l'influence peut être heureuse sur notre génie propre à la condition de ne pas s'y substituer en l'absorbant. Cette influence, je l'ai subi au début peut-être un peu plus que de raison et mon goût pour l'auteur de la tétralogie allait alors jusqu'au fanatisme.

Aujourd'hui muri par l'étude et par l'expérience, je l'admire encore, mais surtout comme *littérature.* C'est ma chaire du Conservatoire qui m'a gardé de ces enthousiasmes excessifs. J'ai charge de jeunes esprits, plus ardents, plus progressifs, plus wagnériens encore, comme vous dites, que je l'étais moi-même, car les temps ont marché, grâce à Dieu ; et il m'a paru nécessaire de les tenir en bride, jusqu'à ce que par une lente initiation au goût, au tact et à la mesure, qui sont les caractères distinctifs du génie français, ils puisent s'aventurer sans risque, à travers ces mondes nouveaux, pleins de séductions réelles, mais aussi de mirages décevants.

D. — Somme toute les Italiens n'ont pas ces sympathies ?

R. — Distinguons, les maîtres italiens, ont un souci trop exclusif de la phrase ; ils sacrifient trop aux voix, sans se préoccuper suffisament, de ce qu'on appelle les *dessous*, de ce que j'appelle, moi, *l'atmosphère* dramatique. Il en résulte que les personnages vivent uniquement de leur vie propre, vie un peu factice et pas assez de celle qu'on emprunte à l'air ambiant. Chez le maître allemand, c'est tout le contraire. A mon sens, il est plus voisin de la vérité ; mais, ni ici, ni là n'est la vérité absolue. L'idéal serait dans la fusion harmonique des deux systèmes, dans leur juste pondération. Et c'est l'idéal que je recherche.

D. — Croyez-vous l'avoir atteint dans *Manon* ?

R. — Ce n'est pas à moi, mais au public de le dire, l'imprévu de mes procédés l'étonnera peut-être et en France ce qui étonne est toujours suspect. Ils sont pourtant d'une simplicité primitive.

D. — Pouvez-vous me les définir en quelques mots ?

R. — Volontiers. Toute l'œuvre roule et se développe sur une quinzaine de motifs, dans lesquels s'incarnent pour ainsi dire mes personnages. Un personnage, un motif ; Manon seule, dont le type est un mélange de mélancolie et de gaieté, en a deux, pour bien préciser cette alternative. Ces motifs courent d'un bout à l'autre de l'Opéra et se reproduisent d'acte en acte, se dégradant et se renforçant, comme la lumière dans un tableau, au gré des situations. De telle sorte, que tous les personnages conservent jusqu'au dénouement leur personnalité distincte. A un point de vue général, j'ai fait de même, pour les divers tableaux de la pièce. Chacun d'eux a la couleur exacte du milieu qu'il représente, à son époque précise. Quant à la note vivante, passionnée, éternellement actuelle, c'est Manon et Desgrieux qui la donnent. Et ce contraste voulu entre le sentiment local et le sentiment humain, est un des effets sur lesquels, je me crois le plus en droit de compter.

PARISIS.

(Figaro, 19 janvier 1884.)

(Fragment d'un interview de Massenet.)

Vous donner mes impressions d'interprète, c'est un peu difficile, de même que vous donner mon avis sur l'influence de Massenet, au point de vue de l'art français. J'éprouve un réel plaisir à personnifier les héroïnes de Massenet, car je trouve qu'elles sont toujours très naturelles, j'aime énormément la musique de ce grand maître et je suis convaincue que son influence sera considérable dans l'évolution de la musique française, elle s'est déjà fait ressentir d'ailleurs et plus tard cette influence sera plus grande encore.

MARGUERITE PICARD.

(de l'Opéra.)

(Réponse à la question : Que pensez-vous de la musique de Massenet.)

Les partitions de Massenet sont tout à fait parlantes à l'œil.
Son écriture est très colorée et vivante ; on y sent un certain
emportement. Les ratures indiquent la préoccupation de cet
entendement interne dont nous avons parlé plus haut. Elles
semblent faites au courant de la plume, substituant une note
à une autre, pour une plus grande satisfaction de l'oreille. On
comprend que M. Massenet aime les sonorités pleines et
touffues par la façon dont les notes sont groupées dans les tutti
et par son écriture serrée.

Léon Pillaut.

(Instruments et musiciens.)

J'aime beaucoup Massenet. Il est le continuateur des grands
mélodistes, met infiniment de poésie dans sa musique et
aucun compositeur français n'a, depuis Gounod, mieux
chanté l'amour que lui. Ce sont là ses plus grandes qualités,
pourquoi parler de ses défauts ?

Marie Roze.

(Réponse à la question : Quelle influence croyez-vous qu'ait Massenet
dans l'évolution de la musique française moderne ?)

Massenet est le chantre de l'ivresse des sens ; sa musique est
essentiellement évocatrice de la beauté. Par ses qualités
charmeresses et, pour ainsi dire, aphrodisiaques, elle éveille le
désir et idéalise les sensations.

Mais, bien que Massenet soit un des plus illustres maîtres
de notre époque, il n'exercera pas une influence durable sur
l'évolution actuelle de la musique française, parce que celle-ci
tend plutôt, avec César Franck, à s'élever vers ces régions
sereines où l'art n'a plus rien de matériel.

Stéphanie Saillard-Dietz.

(Réponse à la question : Quelle influence croyez-vous qu'ait Massenet
dans l'évolution de la musique française moderne ?)

On se rappelle cette confidence de la Faustin, d'Edmond de Goncourt : « Allez, c'était bien étrange, cet hôtel... il sortait des murs une musique d'un doux, d'un doux ineffable... et ses baisers me couraient sur la peau avec des ondes sonores, m'y faisant presque des chatouillements... des ondes sonores qui sortaient de dessous l'oreiller... et il y avait des ouragans lointains d'harmonie qui semblaient m'emporter dans ses bras au ciel... et je sentais je ne sais quoi de divin, mêlé à ses caresses... J'ai toujours gardé de cette première nuit, c'est bête ce que je vais dire, le souvenir d'amours comme on se figure que peuvent être les amours des anges... Oui, cet hôtel de Flandre, est contigu à l'église Saint-Jacques, et l'orgue, je l'ai su le lendemain, est encastré dans le mur contre lequel était notre lit... »

Une très jolie fille, dont *Gil Blas* célébra souventes fois la chevelure exquissement blonde, Gh..., habitait ainsi, il y a quelques années, une maison mitoyenne du temple protestant de la rue Roquépine, et, jusqu'à la chambre, toute mousseuse de bleu pâle, des chants pénétraient.

Il est vraisemblable que dans les deux cas c'était de la musique de Massenet qu'on avait plaisir à entendre, — de la musique d'église, de la musique d'alcôve.

Chateaubriand a dit que l'amour aime la vaillance, ce pourrait être l'épigraphe à rebours de la *Navarraise* : pif, paf, boum, cigarette de Claretie, libretto de Cain, costumes militaires de Detaille, Massenet qu'on traite volontiers de doucereux mélodiste pour Magdeleines repenties, a voulu goûter au méli-mélodrame, la pourpre ensanglantée des batailles est un peu vive pour ce joli cueilleur de roses.

L'air penché, les yeux facilement emperlés de larmes, des lèvres sensuelles, les longs cheveux rejetés en arrière, du romantique qui est plutôt du romanesque, une allure glissante, onctueuse, une physionomie de rêve à pâleur lunaire, jeune en dépit des cinquante-trois ans sonnés, il est le poète des minutes d'amour, il traduit les spasmes et les extases, il exaspère les vibrations des instruments jusqu'au rendu imagé des lèvres jointes, des pamoisons définitives ; ses notes de musique sont des baisers qui volent, qui se cherchent, qui s'appellent, qui se trouvent, son mysticisme confine parfois à de sadiques émotions, et ses mélodies de salon — à lui, l'aède des courtisanes, Magdalena, Manon — sont des entremetteuses : « Mademoiselle, je vous en prie, chantez-nous du Massenet ! » et, alors, c'est tout le déballage, des avrils, des souvenirs des fleurs fanées, des chérubins roses — de la versification de Jean Rameau. On peut préférer des « musiques sans paroles. »

Du grand succès de M. Massenet, François Bazin eut été bien étonné, lui qui chassa un jour l'enfant de sa classe, en lui disant qu'il était « trop bête pour jamais rien faire. » Cela se passait il y a longtemps, le membre de l'Institut d'aujourd'hui avait alors treize ans ; il arrive un jour avec ses camarades, soumet son devoir au professeur ; celui-ci examine longuement son travail, puis son front se plisse, ses sourcils se froncent, un tremblement de colère l'agite, il n'y tient plus, et se tournant vers le bambin, le traite injurieusement, enfin le prend par les épaules et le met à la porte en le priant de ne plus revenir. Le bambin revint au Conservatoire, mais dans le cours d'Ambroise Thomas et de Reber.

Eve, Marie-Magdeleine, Hérodiade, Chimène, Esclarmonde, Manon, Charlotte et Pepa, on pourrait écrire : «les femmes de Massenet » ; parmi la variété des époques, des décors, des costumes, parmi la diversité des librettistes il est le musicien de la femme... et des femmes. Après Gounod, qui fut un chaste, quoique lamartinien, il a conduit la mélodie plus avant que la chambre de Marguerite, il l'a menée jusqu'au boudoir de Manon.

SANTILLANE.

(Gil Blas, 5 octobre 1895.)

M. Jules Massenet est en la plénitude de sa gloire, mais le recul n'est pas encore suffisant pour déterminer, avec équité, son influence sur l'évolution de la musique française.

Le Maître sera de demain, j'entends qu'il sera surtout par ses élèves, qui, dans le renouvellement des formes antiques, croulées sous la poussée triomphale du wagnérisme, surent résister et conserver intégral le génie français, au lieu de le faire écraser sous le char de Djaggernat du colosse de Bayreuth.

Richard Wagner fit bien, mais il fit surtout pour lui ; il est de ces arbres luxuriants qui étouffent autour d'eux toute végétation. Certains jeunes compositeurs s'élèvent contre ces tendances annihilantes, et la maîtrise future se décèle surtout chez ceux qui, ne s'écartant pas d'une lumineuse simplification, puisèrent la science aux paroles du Maître ; M. Gustave Charpentier entre autres.

Evidemment, quelque chose de nouveau approche dans la musique. Que sortira-t-il de l'état confus des âmes, de ce chaos d'éléments livrés au libre choix de l'individualité ? A mon avis, dans cette révolution, M. Jules Massenet aura le rôle de *mainteneur*.

Une renaissance rationnelle peut s'augurer dans l'avenir sous la pression de ce rare talent souple, nerveux, fin, plus sensuel que métaphysique, plus subjectif pourtant que pittoresque, de cette âme spontanément harmonieuse, d'une sensibilité et d'une subtilité délicates et pénétrantes. Cette conscience artistique fait jaillir le cri véritable de la passion pure en de profondes tendresses et d'abondantes pitiés. Ces cercles magiques qui forment l'œuvre de M. Jules Massenet, enchâssent de leur particulière beauté les esprits créateurs ; au contact de cette pensée noble, pleine, expressive, d'une remarquable science de facture et d'une forme impeccablement belle, ils en sortent ennoblis et agrandis.

Emile Straus.

Saint-Saëns aura la gloire, Gounod a eu le succès, Massenet a l'adulation féminine.

George Vanor.

(*Conférence chez Pleyel*).

Donc j'ai su que le Maître, remuant et nerveux à l'impossible pendant les répétitions de ses œuvres, a donné à tous l'impression d'un remarquable metteur en scène, possédant le don d'expliquer un caractère, de marquer une nuance de comédie, d'exprimer par le geste et l'attitude un sentiment fugace si délicat soit-il à définir. Quel artiste s'étonnera qu'il en soit ainsi ?

Comme elle paraît bien de lui cette phrase à l'adresse des musiciens de l'orchestre : « Mes chers collaborateurs, je ne ferai pas attention à vous, mais songez que je suis là. »

Je dirai, toujours pour contenter la curiosité éveillée, qu'il sait manier un chanteur, en lui disant qu'il a trouvé tout seul un curieux effet d'art qu'il vient de lui faire sentir.

Chez son vieil ami, Ernest Michel, il a retrouvé, religieusement conservées, des mélodies oubliées, datées de Rome et dédiées à l'habile mandoliniste co-pensionnaire E. Michel. Du coup il a fait chanter le piano et les souvenirs de la villa Médicis sont revenus en foule avec l'enchantement des primes années d'art.

Il pense de Montpellier que c'est une ville où il fait mauvais temps et où l'on aime sa musique. Son chagrin fut grand de ne pouvoir aller à l'Esplanade la première fois que la musique du 2ᵉ génie y jouait en son honneur au milieu d'une population chuchoteuse et attentive.

Quoi encore ? Au dire des professionnels, il joue du piano d'une façon singulière, donnant à des suites d'accord un caractère spécial et curieux. Enfin, si j'en crois les amis qui l'ont eu à leur table, il aime énormément les bêtes et ne déteste pas le calembour.

Eloy Vincent

(La Fantaisie Montpelliéraine, 3 avril 1897.)

Vous me demandez mon opinion sur la musique de Massenet ? ma manière d'interprète ?

C'est plus facile à penser qu'à dire, surtout quand on ne veut dire que ce qu'on pense !..... Ma foi, tant pis..... je me risque.

Du maître je n'ai chanté, jusqu'à présent au théâtre et si nous exceptons les exquises mélodies, que Werther. Cette œuvre, ce chef-d'œuvre n'a pas d'admiratrice plus convaincue, plus enthousiaste que moi.

Voilà mon sentiment tout entier, sans fard. Je ne conçois pas qu'on puisse demeurer froid à l'audition de cette superbe partition, d'une si pénétrante émotion, la musique expressive au suprême degré ajoute à l'intensité du drame si humain, où palpite l'âme des personnages de Gœthe.

Comment j'interprète Charlotte ? Je tâche de l'interpréter de la façon la plus simple, comme le rôle est écrit ; je n'ai eu qu'à suivre les indications du Maître, exprimant de mon mieux, comme je le sentais, le combat où se meurtrit entre l'amour et le devoir, le cœur de la malheureuse et chaste épouse.

Le moyen de n'être pas empoignée toute, par un pareil rôle, de ne pas s'y absorber complètement, délicieusement ?

En jouant Charlotte et presque malgré moi conquise, subjuguée en quelque sorte, par la puissance du drame lié à la musique, je souffre, j'aime, je pleure comme elle et j'ai goûté là (pourquoi ne pas le confesser) une des plus grandes jouissances de cette vie de théâtre, si factice dit-on et pourtant si enveloppante. Et quelle joie de sentir que la passion dont on est remué, se communique aux spectateurs. Ah ! certes, Monsieur ! Massenet est un maître et ce rôle de Charlotte, où j'ai essayé de mettre un peu de mon âme, je ne souhaite rien tant que de le chanter souvent, longtemps, que ne puis-je dire toujours !.....

CHARLOTTE WYNS

(De l'*Opéra-Comique.*)

(Réponse à la question suivante : Votre opinion sur la musique de Massenet ? Vos impressions personnelles ?)

LES INTERPRÈTES

DE

MASSENET

Mes sincères félicitations
mon cher ami pour
votre beau et
mérité succès

amitiés

Heilbron

Mlle HEILBRON

« Une toute jeune, toute frêle, toute mignonne et très adorable personne : dix-sept ans, une physionomie fine et douce, une vraie vignette, une voix facile et agréable, de l'intelligence, de l'acquis déjà, de la distinction, de l'aisance ! »

Ainsi s'exprimait d'elle certain journal en 1867 après la première de la *Grand'Tante*.

Ce fut en réalité la première interprète de Massenet, ce fut aussi avec elle qu'il obtint son plus décisif succès à l'Opéra-Comique.

« Enfin par-dessus tout et tous, Mademoiselle Heilbronn, reparaissant à la salle Favart après une longue absence, et personnifiant l'héroïne principale avec une souplesse vocale, une énergie dramatique, une intensité d'expression, on ne sait quel charme troublant, un ensemble de mérites, enfin, qui touchait à la perfection.

MALHERBE et SOUBIES.

(*Histoire de l'Opéra-Comique*, 1893.)

Mademoiselle Marie Heilbronn débuta à l'Opéra-Comique en 1866, créa la *Grand'Tante* en 1867 puis fit de l'opérette et créa les *Braconniers*, d'Offenbach, aux Variétés.

Escudier l'engagea aux Italiens où elle chanta la *Traviata* puis elle alla à Londres et en Russie.

En 1877 elle vint à la Gaîté créer le *Bravo* de Salvayre puis en 1880 passa à l'Opéra.

Mariée en 1881 avec le vicomte de la Panouse elle voulut renoncer au théâtre mais ne tarda pas à changer d'avis et vint créer *Manon* à l'Opéra-Comique le 19 janvier 1884. Elle mourut en 1886. Excentrique, fantaisiste de toutes façons, ce fut une grande artiste dont la vie fut réellement celle de Manon.

Mlle RENARD

Mademoiselle Marie Poelzl (dite Renard) est née à Graz, en Styrie, le 18 janvier 1864. Elève de Prelinger, de Mme Weinlich-Tipka et de Mme Rosa de Ruda. Débuta le 24 mai 1882 au Théâtre de Graz, puis fut engagée successivement à Prague (1883-1884), à l'Opéra de Berlin (1885-1888) et enfin depuis lors à Vienne, où elle est passée étoile de premier rang.

Créatrice de *Manon*, de *Werther* et de la *Navarraise* à l'Opéra de Vienne, Mlle Renard est probablement la meilleure Charlotte dont ait disposé Massenet, et à part Mlles Heilbronn et Ambre, je ne crois pas qu'une autre chanteuse ait donné au rôle de Manon autant de relief et de poésie.

Mlle EMMA CALVÉ

Née à Millau (Aveyron). Fut élevée dans un couvent de Montpellier. Travailla le chant avec Mme Marchesi et Puget. Débuta à Nice, puis passa à la Monnaie de Bruxelles, à l'Opéra-Comique et chanta longtemps en Italie.

Créatrice de la *Navarraise* à Londres et à l'Opéra-Comique et prochainement de *Sapho* à l'Opéra-Comique.

De toutes les interprètes de Massenet, Mademoiselle Emma Calvé est celle dont le tempérament s'adapte le mieux et le plus à celui de l'auteur et qui en réalise de toutes façons le plus profondément et l'originalité et l'ardeur.

D'elle on peut vraiment dire que c'est une grande artiste et une nature dramatique, une vraie figure d'art vivifiant tous ses rôles, les exaspérant de passion, les colorant de poésie et de tendresse et les splendiant de ce je ne sais quoi qui ne s'acquiert pas et qui s'appelle l'inspiration.

Mme MARIE ROZE

Mademoiselle Marie Ponsin débuta en 1866 à l'Opéra-Comique dans *Marie,* de Hérold. Elle devait créer la *Grand'Tante*, de Massenet, en 1867, mais préféra abandonner le rôle à Mlle Heilbronn.

Albert Vizentini écrivit d'elle dans *Derrière la toile* : « Mlle Marie Roze, charmante vignette anglaise, qui retrouve au théâtre ses succès du Conservatoire et dont la position se fait aussi vite que les embellissements du nouveau Paris.»

C'est en novembre 1884 qu'elle créa *Manon,* en anglais, à Londres puis dans les principales villes d'Angleterre.

A cette occasion elle obtint du Maître qu'il fit revenir à la fin du dernier acte la phrase : « N'est-ce plus ma main ».

Depuis cette version fut adoptée partout. Massenet écrivit également pour elle un morceau spécial (Gavotte : Obéissons aux tendres amours, toujours) qui fut intercalé au troisième acte.

C'est surtout en Angleterre et en Amérique que Mme Marie Roze se produisit le plus et obtint les plus grands succès. On alla même en Amérique jusqu'à lui faire cadeau d'un jeune lionceau apprivoisé qui la suivait comme un chien. Mme Marie Roze a quitté le théâtre et s'est vouée au professorat.

N. B. — C'est pendant qu'elle chantait aux Tuileries, un soir de juillet 1870, que Napoléon III reçut la fameuse dépêche d'Ems qui amena la déclaration de guerre.

Mme EMILIE AMBRE

Madame Emilie Ambre est au nombre de celles qui ont le mieux compris et le plus véridiquement, le plus exactement interprété Massenet. Ceux qui n'ont pas entendu chanter *Manon* par elle (*Manon* qu'elle a créé dans les principales villes d'Europe et chanté par tout l'univers) ne peuvent se figurer de quelle poésie candide d'abord, de quelle félinerie enveloppante après, de quelle douleur touchante à la fin, elle nuançait et imageait ce rôle, son rôle vraiment, où elle égala Heilbronn et ne fut jamais égalée.

« C'est un charme que d'écouter Manon, interprétée par Mme Emilie Ambre. Je comprends qu'elle ait ravi Massenet. En effet, qu'aurait pu désirer de plus l'auteur ? Il a retrouvé, dans Mme Ambre, toutes les qualités qu'il avait souhaitées pour la créatrice du rôle, finesse, intelligence, âme et le sentiment de l'*au-delà*, cette marque caractéristique de l'artiste.

« Quant au style de la cantatrice il est d'une pureté reconnue et la virtuosité est des plus brillantes.

HENRI DE LAPOMMERAYE.

Massenet écrivit sur la partition qu'il lui offrit le lendemain de la première à Lille :

« A Madame Emilie Ambre, à ma charmante interprète, à ma première Manon en France.

MASSENET. (Lille, mars 1884.) »

Madame Emilie Ambre, née à Oran, débuta à Bruxelles à la Monnaie en 1874, puis chanta la *Traviata* aux Italiens, faillit ensuite devenir reine de Hollande, créa *Aïda* en français au Théâtre Lyrique, puis séjourna longuement ensuite en Angleterre et en Amérique. Madame Emilie Ambre quitta le théâtre en 1891 et se voua au professorat. Veuve en première noces du comte Gaston de Beauplan, elle épousa alors M. Emile Bouichère, maître de chapelle à la Trinité, qui mourut en 1895. Devise : *Fiat voluntas mea.*

Bruxelles
Dimanche 29 Xbre /94

Monsieur,

Je suis de retour à Bruxelles depuis deux jours seulement. En arrivant j'ai trouvé votre mot — Je regrette beaucoup qu'il m'est impossible de quitter Bruxelles maintenant et je ne serai pas à Paris avant Juillet —

Avec toutes mes excuses de n'avoir pas plustôt répondu à votre demande de Chanteur, veuillez Monsieur agréer l'expression de mes sentiments distingués.

Félix Sanderson

Mlle SIBYL SANDERSON

Née à Sacramento en Californie. Elève de Bax, Sbriglia, Mme Marchesi et Massenet.

Débuta à La Haye sous le nom de Miss Palmer dans *Manon*, créa Esclarmonde le 15 mai 1889, à l'Opéra-Comique où elle fit sensation par sa remarquable plastique et son contre-sol extraordinaire, reprit Manon en mars 1892 puis vint à l'Opéra créer Thaïs en 1894.

Mademoiselle Sanderson n'a pas tenu les belles promesses qu'elle avait faites ; étrange dans *Esclarmonde*, elle fut seulement jolie dans *Manon* et compromit le succès de *Thaïs* à l'Opéra.

Peut être se révélera-t-elle encore. Massenet lui écrivait la veille d'*Esclarmonde* la lettre ci-dessous ; l'écrirait-il aujourd'hui ?

« A Mademoiselle SIBYL SANDERSON

« Chère Mademoiselle,

« Vous me donnez raison, puisque c'est pour vous que j'ai écrit *Esclarmonde*, j'ai eu foi et vous avez prouvé dans la répétition d'aujourd'hui, samedi 11 mai 1889, que j'ai confié le rôle, vraiment unique comme difficultés de toutes sortes, à une artiste unique. Vous débutez, mais je vous prédis un avenir unique aussi.

« On dira plus tard en parlant des gloires du théâtre : Sanderson.

« A vous de haute reconnaissance,

MASSENET ».

LES ÉLÈVES DE MASSENET

(Lauréats du concours pour le prix de Rome)

1879. MM. GEORGES MARTY, mention honorable.

1880. HILLEMACHER, premier prix;
MARTY, deuxième prix;
BLANC, mention honorable.

1881. BRUNEAU, deuxième grand prix (1);
PAUL VIDAL, deuxième grand prix;
BLANC, deuxième grand prix;
MARTY, deuxième grand prix;
MISSA, mention honorable.

1882. MARTY, grand prix (unanimité).
PIERNÉ, deuxième premier grand prix (26 voix
sur 29).
X. LEROUX, mention honorable (20 voix).

1883. PAUL VIDAL, grand prix.

1884. XAVIER LEROUX, deuxième grand prix (27 voix
sur 28).

1885. XAVIER LEROUX, premier grand prix;
SAVARD, deuxième grand prix.

1886. SAVARD, premier grand prix;
KAYSER, deuxième grand prix.

1887. GUSTAVE CHARPENTIER, premier grand prix.

---

(1) Ce fut par suite d'une cabale contre Massenet, à laquelle prit part
Gounod (s'il ne la dirigea pas) que le premier grand prix ne fut pas
décerné.

(Voir *Les Annales de la Musique* de Noël et Stoullig. Année 1881,
page 504 et 505).

1890. CARRAUD, premier grand prix ;
       SILVER, deuxième second grand prix.

1891. SILVER, premier grand prix.

1893. BLOCH, premier grand prix ;
       LÉVADÉ, premier second grand prix ;
       BOUVAL, mention honorable.

1894. RABAUD, premier grand prix.

1895. D'OLLONE, premier second grand prix.

1896. HALPHEN, deuxième second grand prix.

DISCOURS DE MASSENET
AUX OBSÈQUES D'AMBROISE THOMAS

(Cimetière Montmartre)

MESSIEURS,

On rapporte qu'un roi de France, mis en présence du corps étendu à terre, d'un puissant seigneur de sa cour, ne put s'empêcher de s'écrier : Comme il est grand !

Comme il nous paraît grand aussi, celui qui repose devant nous, étant de ceux dont on ne mesure bien la taille qu'après leur mort.

A le voir passer si calme et si simple dans la vie, enfermé dans son rêve d'art, qui de nous habitués à le sentir toujours à nos côtés pétri de bonté et d'indulgence, s'était aperçu qu'il fallait tant lever la tête, pour le bien regarder en face ?

Et c'est à moi que des amis, des confrères de la société des auteurs ont confié la douloureuse mission, de glorifier ce haut, ce noble artiste, alors que j'aurais encore bien plus envie de pleurer. Car elle est profonde notre douleur, à nous surtout ses disciples, un peu les enfants de son cerveau, ceux auxquels il prodigua ses leçons et ses conseils, nous donnant sans compter le meilleur de lui-même dans cet apprentissage de la langue des sons qu'il parlait si bien.

Enseignement doux parfois et vigoureux aussi, où semblait se mêler le miel de Virgile, aux saveurs plus âpres du Dante — heureux alliage dont il devait nous donner plus tard la synthèse, dans ce superbe prologue de Françoise de Rimini tant acclamé aux derniers concerts de l'opéra. Sa muse d'ailleurs s'accommodait des modes les plus divers, chantant aussi bien les amours joyeuses d'un tambour-major, que les tendres désespoirs d'une *Mignon*. Elle pouvait s'élever jusqu'aux sombres terreurs d'un drame de *Schakespeare*, en passant par la grâce attique d'une *Psyché* ou les rêveries d'une nuit d'été. Sans doute il n'était pas de ces artiste tumultueux qui font sauter toutes les cordes de la lyre, pythonisses agitées sur des trépieds de flamme, prophéthisant dans l'enveloppement des fumées mystérieuses.

Mais dans les arts comme dans la nature, s'il est des torrents fougueux, impatients de toutes les digues et portant quelquefois le ravage et la désolation sur les rives approchantes, il s'y trouve aussi des fleuves pleins d'azur, qui s'en vont calmes et majestueux, fécondant les plaines qu'ils traversent. Ambroise Thomas eut cette sérénité et cette force assagie. Elles furent les bases inébranlables, sur lesquelles il établit partout sa sincère grande renommée de musicien et probe. — Et quand quelques-uns d'entre nous n'apportent pas dans leurs jugements toute la justice et toute l'admiration qui lui sont dues, portons vite nos regards au-delà des frontières et quand nous verrons dans quelle estime et quelle vénération on le tient en ces contrées lointaines, où son œuvre a pénétré glorieusement, portant dans ses pages vibrantes un peu du drapeau de la France, nous trouverons là l'indication de notre devoir.

N'étouffons pas la voix de ceux qui portent au loin la bonne chanson, celle de notre pays.

D'autres avant moi et plus éloquemment, eussent retracé la lumineuse carrière du maître que nous pleurons. Ils eussent dit quelle fut sa noblesse d'âme et quel fut aussi son haut caractère.

S'il eut tous les honneurs, il n'en recherche aucun. Comme la fortune pour l'homme de la fable, ils vinrent tous le trouver sans qu'il y songeât, parce qu'il en était le plus digne.

C'est donc non seulement un grand compositeur qui vient de disparaître, c'est un grand exemple.

NOTES DOCUMENTAIRES

Massenet [1], né à Saint-Etienne le 12 mai 1842.

1ᵉʳ prix de piano . . . . . . 1859.

1ᵉʳ Grand prix de Rome . . . 1863 }
  (Avec la cantate : David Rizzio) } Elève d'Amb. Thomas.
1ᵉʳ prix de fugue . . . . . . 1867 }

En 1862, Mention honorable au concours du prix de Rome, avec Mᴸˡᵉ de Montpensier, cantate d'Edouard Monnais.

David Rizzio fut chanté par Roger, Gourdin et Mᵐᵉ Vanden-heuvel-Duprez.

1863-1866. Séjour à Rome, Naples, Venise. Voyages en Allemagne et en Autriche-Hongrie.

1866, février. Pompeïa. Fantaisie symphonique au *Casino*.

1866, juillet. Deux fantaisies pour orchestre, Concert des Champs-Elysées.

1867, 24 mars. Suite d'orchestre, Concert Pasdeloup.

1867, 15 août. Paix et liberté (cantate), Théâtre Lyrique.

1878, 3 octobre. Professeur au Conservatoire en remplacement de Bazin. (Le maître a récemment donné sa démission, refusant même la place de Directeur).

1876, juillet. Chevalier de la Légion d'honneur.

1888. Membre de l'Institut.

1895. Commandeur de la Légion d'honneur.

---

(1) Il est à remarquer que le maître n'admet pas qu'on lui donne de prénom.

CATALOGUE
DES ŒUVRES DE MASSENET

OUVRAGES DRAMATIQUES

La Grand'Tante, *opéra-comique en 1 acte (Girod).*

Esméralda ; *composée à Rome durant le séjour à la villa Médicis. Partition inédite ou détruite.*

Méduse, *opéra en 3 actes, 1868-70. Inédit.*

La Coupe du roi de Thulé ; *partition écrite pour le concours de l'Opéra, en 1867, et où Diaz obtint le premier prix. Cette partition fut détruite et le Maître en replaça certains fragments dans des œuvres ultérieures.*

Don César de Bazan, *opéra-comique en 3 actes (Hartmann).*

L'adorable Bel-Boul, *fantaisie en 1 acte, jouée au Cercle de l'Union artistique, en 1874, et dont Massenet interdit ensuite la représentation.*

Bérengère et Anatole, *saynète jouée au Cercle de l'Union artistique, en février 1876.*

Le Roi de Lahore, *opéra en 5 actes (Hartmann).*

Hérodiade, *opéra en 5 actes (Hartmann).*

Manon, *op. en 5 a. (Hartmann).*

Werther, *op. en 3 a.* —

Le Cid, *op. en 5 a. (Hartmann).*

Esclarmonde, *opéra en 5 actes (Hartmann).*

Le Mage, *opéra en 5 actes (Hartmann).*

Le Carillon, *ballet en 1 acte (Heugel).*

Thaïs, *opéra en 3 actes (Heugel).*

Le Portrait de Manon, *opéra-comique en 1 acte (Heugel).*

La Navarraise, *drame lyrique en 2 actes (Heugel).*

Sapho, *opéra, en répétition à l'Opéra-Comique (Heugel).*

Thaïs, *acte et ballet, supplément à la partition originale. En préparation.*

Grisélidis. *En préparation.*

Cendrillon. —

Froufrou. —

Dans le supplément de la Biographie des musiciens, par Fétis, Arthur Pougin parle de deux drames lyriques : Robert de France *et les* Girondins, *que Massenet avait alors (1881) l'intention de mettre en musique.*

DRAMES SACRÉS, CANTATES, ŒUVRES RELIGIEUSES

Mlle de Montpensier (*Mention honorable, 1862, prix de Rome*).

David Rizzio (*Grand Prix de Rome, 1863*).

Paix et liberté ! *cantate scénique, 15 août 1867. (Théâtre Lyrique.)*

Marie-Magdeleine, *drame sacré en 3 actes et 4 parties.*

Eve, *mystère en 3 parties.*

La Vierge, *légende sacrée.*

Les Erynnies, *tragédie antique.*

Narcisse, *idylle antique.*

Biblis, *scène antique.*

Requiem *à 4 et 8 voix, avec accompagnement d'orgue, violoncelle et contrebasse.*

Souvenez-vous Vierge Marie, *prière et chœur.*

Ave Maris stella, *duo.*

Cantate en l'honneur du bienheureux Jean Perboyre, 4 *voix et baryton solo.*

O salutaris, *soprano, orgue, harpes et chœur.*

Pie Jesu, *solo et chœur.*

Alleluia, *quatuor à capella.*

CHŒURS

Le Moulin, *quatuor d'hommes (Concours de Paris, 1866).*

Moines et forbans, *quatuor d'hommes.*

La Villanelle, *quatuor d'hommes*

Amour,   —

Donnons.

1812.

La Fédérale.

Le Sylphe.

Chant de concorde.

ŒUVRES SYMPHONIQUES
MUSIQUE DE CHAMBRE, DE PIANO & D'ORCHESTRE

Ouverture de Concert (1863).

Pompeïa, *Prélude, Hymne d'Eros, Chœur des funérailles, Bacchanal.*

Noce flamande, *orch. et chœur.*

Ouverture de Phèdre.

Scènes hongroises, *suite d'orch.*

Scènes pittoresques, —

Scènes dramatiques, —

Scènes napolitaines, —

Scènes de féerie, —

Scènes alsaciennes, —

Sarabande espagnole.

Marche de Szabady.

Visions, *poème symphonique.*

Hetman, de Paul Déroulède, *musique de scène.*

Théodora, de Sardou, *musique de scène.*

Le Crocodile, de Sardou, *musique de scène.*

Deux pièces pour violoncelle et piano.

Quatuor pour instruments à cordes.

Scènes de bal, *piano 4 mains.*

Cantabile, *violoncelle et piano.*

Dichetto, *quatuor à cordes, contrebasse, flûte, hautbois, clarinette, cor et basson.*

Morceaux divers pour piano : Impromptus, Eau dormante, Eau courante, Toccata, Sept improvisations, Trois pièces à quatre mains, etc., etc.

Parade militaire pour piano.

Album de piano (dix pièces de genre, 2 mains).

MÉLODIES, PIÈCES DIVERSES DE CHANTS

Poème d'avril.
Poème d'amour.
Poème d'hiver.
Poème d'octobre.
Poème pastoral.
Poème du souvenir.
Poème d'un soir.
Elle et Lui.

Chants intimes.
L'Ame des fleurs.
La Vie d'une rose.
Les Mères.
Sérénade aux mariés.
L'Esclave.
Le Portrait d'une enfant.
Ballade de David Rizzio.

QUATRE VOLUMES DE MÉLODIES

PREMIER VOLUME

Elégie, avec accompagnement de piano et violoncelle.
A Colombine.
Les Femmes de Magdala.
Stances de Gilbert.
Vous aimerez demain.
Nuit d'Espagne, avec accompagnement de piano et violoncelle.
Chant provençal.
A la trépassée.
Sérénade du passant.

Sous les branches.
Dors ami.
Il pleuvait.
Chanson de Capri.
Un adieu.
Crépuscule.
Souvenir de Venise.
Sonnet païen.
Sérénade d'automne.
Madrigal.
L'Improvisateur.

DEUXIÈME VOLUME

Si tu veux, Mignonne.
Sérénade de Molière.
Les Oiselets.
Loin de moi ta lèvre qui ment.
Sonnet.
Anniversaire.
Aubade.
Le Sentier perdu.
Les Alcyons.
Narcisse à la fontaine.

Que l'heure est donc brève.
Souvenez-vous, Vierge Marie.
Souhait.
Neère.
Déclaration.
Roses d'octobre.
Le sais-tu ?
A Mignonne.
Puisqu'elle a pris ma vie.
La Veillée du petit Jésus.

TROISIÈME VOLUME

Les Enfants.
Enchantement.
Septembre.
Dans le sentier parmi les roses.

Guitare.
Musette.
Printemps dernier.
Marquise.

Les Belles de nuit.
Je cours après le bonheur.
Berceuse.
Ouvre tes yeux bleus.
Automne.
Le Poète et le fantôme.

Beaux yeux que j'aime.
Noël païen.
Pensée d'automne.
Le Poète est roi.
Quand on aime.
Sonnet matinal.

QUATRIÈME VOLUME

L'Ame des oiseaux.
Pensée de printemps.
Je t'aime.
Chanson andalouse.
Ave Maria (méditation de *Thaïs*).
Hymne d'amour.
Devant l'infini.
Ne donne pas ton cœur.
Plus vite.
Chant de guerre cosaque.

Sevillana.
Fourvières.
L'Éventail.
Séparation.
Elle s'en est allée.
Larmes maternelles.
Jour de noces.
Départ.
Horace et Lydie, *duo.*
Les Fleurs, *duo.*

MÉLODIES NON ENCORE RÉUNIES EN VOLUMES

Pitchounette.
Berceuse.
Si tu l'oses.
Chansons pour elle.
Premiers fils d'argent.
Etre aimé.
La Chanson des lèvres.
Souvenance.
Ave Maris stella, *motet à 2 voix.*
Salut printemps, *duo pour voix égales.*
Voici que les grands lys.

Mienne.
Tristesse.
Adieu.
Aux étoiles, *duo ou chœur pour 2 voix de femmes.*
A la Zuecca, *chanson vénitienne à 2 voix.*
O Salutaris, avec accompagnement d'orgue (harpes et chœur, *ad. lib.*
Pie Jesu, avec accompagnement de violoncelle, *ad. lib.*

TABLE DES MATIÈRES

	Pages
Massenet	1
OUVRAGES AU THÉATRE :	
La Grand'Tante	3
Don César de Bazan	5
Le Roi de Lahore	6
Hérodiade	12
Manon	17
Le Cid	31
Esclarmonde	37
Werther	49
Le Carillon	62
Le Mage	65
Thaïs	74
Le Portrait de Manon	83
La Navarraise	88
DRAMES SACRÉS ET ORATORIOS :	
Les Erynnies	99
Marie-Madeleine	102
Eve	107
La Vierge	111
OPINIONS DIVERSES	116
Les interprètes de Massenet	137
Les élèves de Massenet	147
Discours de Massenet aux obsèques d'Ambroise Thomas	149
Notes documentaires	151
Catalogue des œuvres de Massenet	153

BIBLIOTHÈQUE NATIONALE — R.F. — IMPRIMÉS

ADDITIONS

SURVENUES AU COURS DE L'IMPRESSION

Page 18, ajouter : *Manon* fut donné dix-sept fois en 1896.

Mlle Simonnet rentra à l'Opéra-Comique, dans *Manon*, le 1er octobre 1897.

Page 74, ajouter : *Thaïs* eut deux représentations à l'Opéra en 1896.

Page 88, ajouter : *La Navarraise* eut seize représentations à l'Opéra-Comique en 1896.

Page 102, ajouter : L'orchestre Colonne donna en 1893, cinq auditions de *Marie-Magdeleine*, au Grand-Théâtre (Eden). Reprise : 22 novembre (Mmes Krauss et Nardi; MM. Engel et Lorrain).

ERRATA

Page xxxi, ligne 8 : au lieu de : des parfums défendus et railleurs, il préside, lire : des parfums défendus et, railleur, il préside...

Page 27, ligne 18 : Au lieu de : *Manon* l'emporta gârce à la pièce, lire : *Manon* l'emporta grâce à la pièce...

Page 38, ligne 35 : au lieu de : des maîtres modermes, lire : des maîtres modernes...

Saint-Amand (Cher). — Imprimerie EMILE PIVOTEAU

www.ingramcontent.com/pod-product-compliance
Ingram Content Group UK Ltd.
Pitfield, Milton Keynes, MK11 3LW, UK
UKHW021925070726
13614UKWH00001B/246